DESCRIPTIONS
DES ARTS
ET MÉTIERS.

DESCRIPTIONS
DES ARTS
ET MÉTIERS,

FAITES OU APPROUVÉES

PAR MESSIEURS

DE L'ACADÉMIE ROYALE
DES SCIENCES.

AVEC FIGURES EN TAILLE-DOUCE.

A PARIS,

Chez { SAILLANT & NYON, rue S. Jean de Beauvais;
DESAINT, rue du Foin Saint Jacques.

M. DCC. LXI.

Avec Approbation & Privilége du Roi.

ART
DU
CARTIER.

Par M. DUHAMEL DU MONCEAU.

M. DCC. LXII.

ART DU CARTIER.

Par M. Duhamel du Monceau. *

INTRODUCTION.

Les cartes à jouer ſont des feuillets de carton minces & liſſés, ſur un des côtés deſquels on peint des figures de Rois, de Reines & de Valets, ou des points différemment figurés auxquels on a donné les noms de *Cœur* & de *Carreau* qui ſont toujours rouges, ou de *Trefle* & de *Pique* qui ſont toujours noirs. Comme les figures portent auſſi les empreintes du cœur, du carreau, du trefle & du pique, on peut diviſer toutes les cartes en rouges & en noires. Les Ouvriers les diſtinguant en *têtes* & en *points* : les têtes comprennent les *Rois*, les *Dames* & les *Valets* : & les points, les *Cœurs*, les *Carreaux*, les *Trefles* & les *Piques*, depuis le n°. 1, qu'on nomme *As* juſqu'au n°. 10, qui eſt la plus haute carte des points. L'aſſemblage des dix cartes de points avec un Roi, une Dame & un Valet dans chaque eſpece, cœur, carreau, trefle & pique, forme ce qu'on appelle *un jeu entier*, tout cela ſuivant notre uſage le plus commun ; car pour d'autres jeux, il y a bien des figures différentes. Je pourrois donner pour exemple les jeux des *Tarreaux* ; mais comme il ne s'agit point de tracer ici des différents jeux, mais uniquement de la façon de faire les cartes à jouer, & comment la même méthode que nous employons pour faire les cartes ordinaires peut ſervir à faire les autres eſpeces de cartes, nous n'inſiſterons point ſur les différentes marques & figures

* Je n'ai trouvé ſur l'Art du Cartier, dans le dépôt de l'Académie, que quatre planches auxquelles j'ai fait quelques changements, & j'y en ai ajouté une cinquieme. Ces planches n'étoient accompagnées d'aucun mémoire, pas même d'explication des figures. Après que j'ai eu fait la deſcription de cet Art, M. Raisin, célebre Cartier, qui tient ſa fabrique à Paris, rue Croix-des-petits-Champs, a bien voulu me conduire dans tous ſes atteliers, ce qui m'a mis en état de perfectionner mes mémoires que je lui ai enſuite communiqués : il les a trouvé exacts, & il m'a fourni des notes ſur toutes les opérations de cet Art : j'eſpere qu'avec ces ſecours, je ſerai parvenu à en donner au public une deſcription ſuffiſamment exacte.

qu'on peut mettre ſur les cartes ; ce ſont des choſes arbitraires & de convention, qui pourroient être ſoumiſes, préférablement à une infinité d'autres choſes, aux viciſſitudes de la mode.

Quand les jeux de cartes ne ſeroient regardés que comme un paſſe-temps, ou un ſimple amuſement, on concevroit qu'il s'en doit faire une grande conſommation, parce que bien des gens ſont dans le cas d'avoir recours au jeu pour ſe garantir de l'ennui. Mais comme les jeux deviennent preſque toujours un objet d'intérêt & ſouvent d'un intérêt très-conſidérable, les Ouvriers ſont obligés de faire les cartes avec beaucoup de ſoin, afin que les Joueurs courent les mêmes riſques. La plupart des Joueurs ont la vue aſſez fine & la mémoire aſſez préſente, pour que la moindre tache qui ſe trouveroit ſur le dos d'une carte, leur faſſe connoître ſa valeur ; & alors celui qui auroit une bonne vue, joueroit à coup ſûr. Il faut donc que l'envers des cartes ſoit d'un blanc pur & exempt de toutes taches. Si les cartes étoient trop minces, elles ſeroient trop tranſparentes ; & le Joueur qui ſeroit placé à l'oppoſition du jour, pourroit connoître les cartes que ſon adverſaire auroit dans la main, & en profiter; la tranſparence des cartes ſeroit donc un défaut.

Pour que les combinaiſons des cartes varient, il eſt néceſſaire qu'on puiſſe les battre aiſément ; pour cela il faut qu'elles ne ſoient point épaiſſes ; mais fermes, ſonores, coulantes & exactement coupées d'une même grandeur.

Comme beaucoup de jeux, ſur-tout ceux de hazard, exigent qu'on reconnoiſſe promptement & ſûrement les cartes, il eſt indiſpenſablement néceſſaire que les couleurs ſoient bien tranchées, & qu'elles ne ſoient point mêlées les unes avec les autres, ſur-tout dans les *têtes*.

Toutes ces conditions exigent de la part du Manufacturier beaucoup de ſoins & d'attentions ſur ſes Ouvriers, & il eſt néanmoins eſſentiel pour ſon intérêt que l'ouvrage s'exécute promptement ; car comme le prix des cartes eſt modique, il faut qu'il puiſſe trouver ſon profit dans la célérité de l'exécution.

Les Cartiers ſont parvenus à remplir ces différents objets, de ſorte qu'un ouvrier peut fabriquer ſoixante jeux de cartes de piquet par jour, pourvu que la quantité de cartons qu'il emploie pour la fabrication des ſoixante jeux ſoient mêlés, collés & ſéchés avant de commencer ſon travail ; cependant la façon d'un jeu de cartes exige 50 ou 60 opérations différentes que nous nous propoſons de décrire le plus briévement & le plus clairement qu'il nous ſera poſſible.

§. I. *Des différents Papiers qu'on emploie pour faire les cartes.*

Quoiqu'on pût faire les cartes avec plusieurs especes de papier, l'usage est d'en employer trois especes pour faire les belles cartes ; savoir le *Papier au pot*, le *Papier de main-brune* ou à *étresse*, & le *Papier cartier.*

Le Papier *au pot* est ainsi nommé, parce que pendant long-temps on employoit un papier qui avoit pour marque un pot de fleurs ; & quoiqu'aujourd'hui le papier qu'on emploie, n'ait point cette marque, les Papetiers continuent à appeller ainsi une sorte de papier qui est assez blanc & peu collé : la feuille déployée a 14 pouces de long sur 11 pouces & demi de largeur : la rame de ce papier pese de 9 à 10 livres, & coûte 3 liv. 12 sols. C'est ce papier qui reçoit l'impression des couleurs ; ainsi il est bon qu'il soit assez blanc ; mais il n'est pas nécessaire qu'il ait toute la perfection qu'exige le papier qui recouvre le derriere de la carte, parce que le côté de la peinture n'étant apperçu que par celui qui tient le jeu, il n'en peut pas résulter le même inconvénient que si les taches étoient apperçues par l'autre joueur.

Depuis l'établissement du droit d'un denier par carte, c'est le fermier qui fournit ce papier. Chaque feuille est marquée sur la forme de la Papeterie de vingt fleurs-de-lys disposées de façon qu'il y en ait une sur chaque carte.

Dans quelques Fabriques de cartes on emploie une seconde espece de Papier au pot qui est moins parfaite, qu'on n'est point astreint à prendre chez le fermier, & qu'on emploie au dedans de la carte, entre une feuille de *main-brune* & celle de Papier cartier, pour rendre les cartes encore plus blanches ; mais ordinairement l'intérieur des cartes est fait avec une ou deux feuilles de *main-brune.*

Le papier dit *main-brune* est employé à former le corps & l'intérieur de la carte, parce que ce papier étant un peu gris, il rend la carte moins transparente ; d'ailleurs il seroit inutile de mettre dans l'intérieur des cartes d'aussi beau papier qu'aux surfaces. La grandeur des feuilles de ce papier est la même que celle du Papier au pot. Il y a deux especes de *main-brune* ; l'une simple ou mince dont la rame pese 9 à 10 livres ; l'autre double ou fort qui pese 12 & 13 livres. On se sert de la *main-brune* double pour les cartes qui ne sont formées que par trois feuilles, comme sont ordinairement celles des grands jeux ; savoir les jeux entiers & ceux de comete, afin que ces jeux qui sont composés d'un grand nombre de cartes, ne soient point trop épais. La *main-brune* simple ou fine sert à faire les cartes à quatre papiers pour les petits ou bas jeux, tels que les jeux de *Quadrille*, de *Piquet* & de

Brelan. Dans quelques Fabriques on fait toutes les cartes à trois papiers ; & dans ce cas on emploie de la *main-brune* double, ſur-tout pour les petits jeux ; mais par les Statuts des Maîtres Cartiers de Paris, il eſt ordonné de mettre quatre feuilles dans les petits jeux, & effectivement elles en ſont plus ſeches & plus ſonnantes.

Le papier *cartier* eſt fort beau, très-blanc, bien collé & fabriqué exprès pour les cartes ; car pour éviter tout ce qui pourroit faire quelques changements de couleur ſur la ſurface blanche de la carte, on n'y met point la marque du Papetier, & les feuilles ne ſont point pliées en deux ; elles ſont un peu plus grandes que le papier au pot : la rame doit être du poids de 10 à 11 livres ; elle vaut 7 livres 10 ſols. Cette feuille ſe place ſur le dos de la carte, c'eſt-à-dire, ſur la face oppoſée à la peinture ; il eſt important pour cette raiſon que ce papier n'ait pas la moindre tache.

§. II. *Rompre les feuilles, & trier les mains-brunes.*

On ſait que dans les rames de papier les feuilles ſont pliées en deux : il s'agit d'effacer le mieux qu'il eſt poſſible l'impreſſion de ce pli. Pour cela on ouvre, c'eſt-à-dire, on déploie les mains les unes après les autres ; on les ſaiſit par le bas, de la main gauche & par le haut de la main droite, de ſorte que les pouces des deux mains ſoient dans le pli : alors renverſant les feuilles en ſens contraire de ce qu'elles étoient dans la rame, on fait couler les doigts ſur le dos du pli, & on renverſe en arriere le haut & le bas de la main de papier ; c'eſt ce qu'on nomme *rompre*, quoique par cette opération aucune feuille ne ſoit déchirée ni rompue. Quand l'impreſſion du pli eſt trop forte pour être en partie effacée par cette opération, on poſe la main de papier ſur une table, le dos du pli en haut, & on paſſe deſſus fortement quelque corps uni & dur, comme le manche d'un couteau : la colle, ainſi que la preſſe, achevent de détruire entiérement la marque du pli, qui d'ailleurs eſt recouvert par le papier cartier qui, comme je l'ai dit, ſort des Papeteries ſans pli, parce qu'il eſt important qu'il ne ſe montre aucune marque ſur le dos des cartes.

Comme toutes les feuilles ne ſont pas d'une même épaiſſeur, ſur-tout dans les mains-brunes, afin que les cartes ſoient d'une épaiſſeur égale, on trie quelquefois les feuilles de ce papier, & l'on met à part les feuilles minces, & d'un autre côté les plus épaiſſes : celles-ci s'emploient quelquefois dans les cartes à trois feuilles ; ou bien on joint une feuille mince avec une épaiſſe.

§. III. *Du Mêlage.*

Comme les cartes ſont formées par différentes eſpeces de papiers, il faut entre-mêler les feuilles, de façon que chaque eſpece de papier ſe trouve

trouve à la place qu'elle doit occuper dans la carte finie, afin que le Colleur trouve ſous ſa main les feuilles qu'il doit réunir ; c'eſt ce qu'on appelle *mêler*.

Dans les bonnes Fabriques on mêle à deux fois : l'une s'appelle *mêler en gris*, ou *pour les étreſſes* ; l'autre ſe nomme *mêler en blanc*, ou *l'ouvrage* : nous parlerons d'abord du mêlage pour les *étreſſes*, & nous expliquerons enſuite l'opération de *mêler en blanc*, ou *l'ouvrage*, qui ne ſe fait qu'après le premier collage.

On mêle différemment quand on fait des cartes avec trois ou avec quatre feuilles.

Il y a des Cartiers qui collent à la fois les trois papiers qui doivent faire leurs cartes : ſavoir, 1°, le papier *cartier* ; 2°, la *main-brune* ; 3°, le *pot*. Ceux-là, lorſqu'ils veulent mêler, poſent ſur une table une feuille de papier *au pot*, qu'ils couvrent d'une feuille de *main-brune* ; & celle-ci de deux feuilles de papier *cartier* ; enſuite une feuille de *main-brune*, puis deux feuilles de *pot* ; enſuite une de *main-brune*, & deux feuilles de papier *cartier*. En continuant ainſi ce travail, ils font ce qu'ils appellent un *tas* compoſé de trois rames : de cette façon deux feuilles *au pot* & deux de *cartier* ſe trouvent poſées l'une ſur l'autre : celles-ci ne doivent point recevoir de colle ; mais comme cette façon de ne faire qu'un collage eſt mauvaiſe, il faut expliquer comment les bons Cartiers mêlent pour faire des cartes de trois feuilles. Ils poſent une feuille de *main-brune*, puis deux feuilles de *cartier* ; enſuite deux de *main-brune*, & deux de *cartier* : de cette ſorte, deux feuilles de papier *cartier* ſe trouvent l'une ſur l'autre, ce qui eſt néceſſaire pour les conſerver bien propres.

Quand on mêle pour les petits ou bas-jeux compoſés de quatre feuilles, il ne s'agit que de poſer l'une ſur l'autre, & dos contre dos, les deux feuilles qui doivent faire l'intérieur des cartes : ce ſera, ſuivant l'uſage ordinaire, deux feuilles de *main-brune*, ou bien dans les Fabriques où l'on met une feuille *au pot* commune ſous la feuille de *cartier*, pour en augmenter la blancheur, on adoſſe une feuille de *main-brune*, & une *au pot* : dans le premier cas les tas ſont formés d'une rame, & dans le ſecond de deux.

Un habile Ouvrier peut mêler par jour dix-huit à vingt rames ; & comme on lui donne 18 deniers par rame, il peut gagner 27 à 30 ſols.

Nous remarquerons, en finiſſant, que pour donner plus de facilité aux Colleurs, lorſqu'il leve les feuilles deux à deux, le Mêleur a l'attention que les feuilles qu'il poſe rentrent un peu, par exemple, d'un travers de doigt, ſur celles qu'il a poſées auparavant.

Quand on a ſéparé dans les *mains-brunes* les feuilles fortes d'avec les foibles, & quand on veut les employer enſemble dans les cartes, après avoir placé le tas de feuilles foibles à la droite, & le tas de feuilles fortes à la gauche, on prend une feuille au tas de la droite ; on la place devant soi ; ensuite on prend deux feuilles au tas de la gauche ; on retourne la premiere feuille sur la face de l'autre, & on les pose toutes deux ensemble sur celle qu'on a précédemment posée sur la table ; continuant de placer ainsi sur la table deux feuilles de la droite, puis deux feuilles de la gauche, jusqu'à ce qu'on en ait pris dix mains de chaque côté, on a un tas en état d'être collé.

§. IV. *De la Colle.*

L'ORDRE du travail exigeroit que je parlasse du premier collage ; mais comme pour bien faire cette opération il faut avoir de bonne colle, il est indispensable de savoir la façon de la faire, avant de parler de son emploi, d'autant que cette colle se fait dans un attelier particulier, pendant que les Ouvriers travaillent chacun à l'opération qui lui est particuliérement destinée.

L'attelier où on fait la colle est une salle-basse (*Pl. I.*) dans laquelle est, 1°, une grande chaudiere de cuivre montée sur un fourneau (*fig.* 1.) ; 2°, huit ou dix baquets (*fig.* 2.) ; 3°, un cuvier ou grand baquet rond sur lequel est établi un tamis de deux pieds six à neuf pouces de diametre, garni d'une forte toile de crin assez claire (*fig.* 3.) ; 4°, un trognon de balai emmenché pour brasser la cuve ; 5°, un ballai de crin fait en rond, pour faire passer la colle par les mailles de la toile du tamis ; on le nomme *Pinceau* : enfin on a quelques spatules de bois, des seaux pour jetter l'eau dans la cuve, des boisseaux pour mesurer la farine, & des balances pour peser l'amidon.

Il y a plusieurs manieres de faire la colle : je me contenterai de rapporter celle qui se pratique chez M. *Raisin*, d'autant qu'elle me paroît très-bonne.

On met de l'eau dans la chaudiere, à proportion de la quantité de colle qu'on veut faire. Pour 70 seaux d'eau, il faut six boisseaux & demi de la meilleure fleur de farine, & deux boisseaux & demi de bon amidon.

Pendant que l'eau chauffe dans la chaudiere, on distribue dans des baquets la farine, & dans d'autres l'amidon : on délaye bien avec les mains, & l'on bat les substances farineuses dans de l'eau tiede qu'on a mise dans les baquets. Quand la farine d'un côté & l'amidon de l'autre sont bien délayés dans l'eau, & quand celle qui est dans la chaudiere est prête à bouillir, on prend avec des seaux la farine & l'amidon délayés, & on les verse dans la chaudiere : un Ouvrier tourne continuellement avec un tronçon de balai qui eſt au bout d'un manche fort long, afin que la farine & l'amidon ſe mêlent bien enſemble, & qu'il ne s'attache rien au fond de la chaudiere; on entretient la chaudiere au petit bouillon pendant environ cinq heures & demie; c'eſt à-peu-près le temps qu'il faut pour que la colle ſoit bien cuite; ce qu'on reconnoît principalement à l'odorat, car la colle doit avoir une odeur très-approchante de la bouillie bien faite: on en met auſſi entre les paumes des deux mains, & après les avoir frottées l'une contre l'autre elles doivent éprouver quelque difficulté à ſe ſéparer.

Quand on juge que la colle eſt bien cuite, on la tire de la chaudiere, on la verſe dans des baquets, qui ſont communément des demi-muids coupés en deux, & on les emplit environ aux deux tiers. Quand la colle eſt entiérement tirée de la chaudiere, on a ſoin d'heure en heure, pendant le reſte du jour, de la remuer dans les baquets avec une ſpatule de bois: dans les grandes chaleurs, il faut la remuer plus ſouvent & plus long-temps.

En hyver, on peut garder la colle pendant trois ſemaines, pourvu qu'elle ſoit bien faite, & qu'elle ſoit à l'abri de la gelée; mais en été, elle ne peut ſe garder que huit à dix jours.

Le lendemain quand la colle eſt refroidie, on la *preſſe*; pour cela on la met peu à peu dans le tamis (*fig.* 3.), & en la remuant circulairement avec le gros pinceau ou balai de crin dont l'extrémité du manche entre liberté dans un trou fait à une planche qui eſt clouée aux ſolives du plancher, la colle traverſe peu à peu le tamis; elle en devient plus molle, & les ſaletés reſtent ſur le tamis: alors la colle eſt réputée faite, & en état d'être employée.

§. V. *Du Collage en feuilles ou pour les Étreſſes.*

Le Colleur étant debout devant une table, met à côté de lui, vers ſa gauche, un tas de feuilles mêlées, comme nous l'avons dit: devant lui eſt une planche de bois de chêne, qu'on nomme un *Ais*, épaiſſe de 2 pouces, large d'un pied, & longue d'un pied & demi: à ſa droite eſt un baquet ovale rempli de colle (*fig* 4.); il tient de ſa main droite une broſſe d'un pied de long ſur 3 pouces de largeur, monté de 25 mouchettes de ſoie de ſanglier, bien flexibles, & de 5 pouces au moins de longueur (*Pl. I. fig.* 7.)

Tout étant ainſi diſpoſé, le Colleur prend avec ſa main gauche une feuille au tas de papier, & la poſe en travers devant lui; de ſorte que le grand côté de la feuille ſoit parallele au bord de la table; en même temps il plonge avec ſa main droite la broſſe dans la colle, & la plaçant à-peu-près vers le milieu de la feuille, il la pouſſe vers l'angle qui eſt en haut du côté de ſa droite, d'où il la ramene à l'angle oppoſé; il la conduit fucceffivement vers les deux autres angles ; & comme il faut que tout le papier foit bien imbibé de colle, fans qu'il en refte plus dans certains endroits que dans d'autres, il promene 7 à 8 fois cette broffe fur la feuille : il prend enfuite au tas deux feuilles qu'il place adroitement fur celle qu'il vient d'encoller ; il encolle la feuille de deffus, & la recouvre de deux autres feuilles ; de forte qu'il y a alternativement deux furfaces de feuilles collées l'une à l'autre, & deux furfaces qui fe touchent fans qu'il y ait de colle entre elles ; c'eft pourquoi, tant qu'il y a des feuilles au tas, il continue à en lever deux qu'il pofe fur celle qu'il vient d'encoller, & il finit, comme il a commencé, par une feule feuille.

Il fait ainfi un nouveau tas de feuilles collées deux à deux ; & cela forme ce qu'on nomme l'*Etreffe*, qui dans les cartes à quatre feuilles, doit être au milieu de l'épaiffeur de la carte.

Quand on fait le premier collage pour des cartes de trois feuilles, il faut faire enforte qu'une face du papier *cartier* touche la face d'une autre feuille de papier *cartier* : pour cet effet, on encolle alternativement une feuille de *main-brune*, & une de papier *cartier*.

Un bon Ouvrier ne peut coller par jour, c'eft-à-dire, en 13 heures de travail, que 14 à 15 tas compofés chacun de 20 mains ; encore eft-il néceffaire qu'il foit fecouru par un Compagnon qui aide à la preffe, qui *torche*, qui *pique*, qui étende fur les cordes, *&c.*

Comme il eft très-important pour le Maître de la Fabrique, que le collage foit bien fait, il paye ordinairement à la journée, & à raifon de 30 à 40 f. par jour, les Ouvriers qu'il emploie à ce travail.

§. VI. *Mettre les* Etreffes *en preffe.*

QUAND on a collé 250 cartons ou *feuilles collées*, ou *étreffes*, (ces termes font fynonymes,) on les porte à la preffe, pour que la colle s'imbibe bien dans le papier ; car comme on ne charge de colle qu'une des deux feuilles de papier qu'on veut unir enfemble, il faut que la preffe faffe que la furface de la feuille qu'on n'a point encollée, prenne la colle de celle qui l'a été : on ne met à la fois qu'une rame & demie fous la preffe, afin que la preffion en foit plus forte, & qu'elle faffe fortir tout ce que l'Encolleur a trop mis de colle.

La preffe, (*Pl. II. fig.* 22) eft formée de deux jumelles 11, d'un écrou 2, d'un fommier ou arbre de deffus 3, qui doit être très-fort, & avoir affez de furface pour embraffer toute l'étendue de la feuille de papier : l'arbre ou le fommier de deffous 4, doit être tout pareil : la vis ou *verin* 5, doit avoir les pas affez fins pour que la preffion en foit plus forte. Dans le quarré de la tête de la vis, entre un long levier de fer 6, qui porte

porte au bout une boucle à laquelle eſt attachée une corde 7, qui répond à un treuil vertical 8.

On porte le tas de feuilles collées ſur l'ais où on l'a formé, entre les deux arbres 3 & 4 : on poſe ſur le tas de feuilles collées un grand carton ; par-deſſus lequel on met un ais ou planche ſemblable à celle de deſſous ; on preſſe d'abord foiblement en appliquant la force au levier 6, & on laiſſe (pour parler comme les Ouvriers) la colle ſe raffermir pendant une petite demi-heure. Si l'on preſſoit tout d'un coup fortement, le papier s'écraſeroit, & l'ouvrage ſeroit perdu : enſuite on preſſe très-fortement avec le treuil, alors ce qu'il peut y avoir de trop de colle, ſuinte tout autour : on laiſſe le tas ſous la preſſe, juſqu'à ce que le Colleur ait préparé de quoi faire une nouvelle preſſée, ce qui exige environ une heure ; pendant ce temps l'aide-Colleur *torche*, *pique*, & *étend* : opérations que nous allons expliquer.

Quand on veut *dépreſſer*, c'eſt-à-dire, retirer de la preſſe les feuilles collées, on tourne avec le levier la vis à gauche : le contre-plateau de la preſſe qui tient au verrin remonte, ce qui donne la liberté d'enlever le tas de feuilles collées.

§. VII. *Torcher*.

COMME le tas qui ſort de la preſſe ſe trouve barbouillé tout autour de la colle que la preſſe a fait ſortir, il faut *torcher*, c'eſt-à-dire, ôter cet excédent de colle qui pourroit s'inſinuer entre les *étreſſes* : on ſe ſert pour cela d'un pinceau trempé dans de l'eau froide ; & en frottant tout le tour du tas, on emporte toute la colle que la preſſe a fait ſuinter : la colle qu'on emporte ainſi, n'eſt plus bonne à rien. Il faut que les poils du pinceau ſoient doux ; une broſſe trop rude ne vaudroit rien ; elle pourroit ouvrir les feuilles doubles, & occaſionner du *décollage*.

§. VIII. *Piquer, percer, ou épingler.*

QUAND un tas eſt *torché*, on le *perce* avec un poinçon, ou *piquant* (*Pl. II. fig.* 9,) qui n'a qu'un pouce de longueur, pour ne percer que 10 ou 12 *étreſſes* à la fois ; il eſt emmanché dans un morceau de bois cylindrique qui eſt plat au bout où eſt la pointe.

On enfonce cette pointe de toute ſa longueur, juſqu'à ce que le bout du manche porte ſur le papier : il ne faut pas que le trou entame trop dans *l'étreſſe*, pour qu'il ne ſe trouve pas dans les cartes ; il ne faut pas non plus le faire trop au bord ; le papier qui eſt pénétré de colle encore molle, pourroit ſe déchirer à l'étendoir : l'expérience a appris qu'on doit placer le trou à un travers de doigt du bord de *l'étreſſe*. Quand les *étreſſes* ſont piquées, on en leve par un angle 4 ou 5, & on paſſe dans le trou du poinçon

(*Pl. I. fig.* 5), ce qu'on nomme une *épingle* (*Pl. II. fig.* 10) ; c'eſt un bout de fil de laiton recuit, à un des bouts duquel on fait un petit crochet pour retenir un petit morceau, ſoit de vieilles cartes, ſoit de parchemin, ou de chamois, d'environ un demi-pouce en quarré pour ſervir de tête à cette épingle ; comme cette tête eſt fort large, elle arrête les feuilles d'*étreſſes* ſans les déchirer : on paſſe donc le bout de cette épingle dans le trou qu'on a fait aux *étreſſes*, & on les enleve par mains de 4 ou 5, qu'on nomme *un double*, pour en former un nouveau tas ſur un carton. Quand le tas eſt aſſez épais, le Piqueur le porte à l'étendoir (*Pl. I. fig.* 6).

§. IX. *De l'Etendage.*

L'étendoir, pour être bon, doit être dans une chambre haute, bien plafonnée, & carrelée, percée de pluſieurs fenêtres de part & d'autre, dans toute ſa longueur ; ces fenêtres doivent être garnies de bons volets.

Je dis que l'étendoir doit être au plus haut de la maiſon, d'abord pour qu'il ſoit plus expoſé à l'air ; en ſecond lieu, pour qu'il reçoive moins de pouſſiere.

Il faut que ce lieu ſoit percé de beaucoup de fenêtres, afin que l'air le traverſe.

Les fenêtres doivent avoir de bons volets, pour qu'on puiſſe les fermer dans les temps de brouillards, quand l'air eſt humide, ou quand il fait beaucoup de vent qui pourroit jetter à bas les *étreſſes*, ou y porter de la pouſſiere qui les ſaliroit.

Il faut encore que l'étendoir ſoit bien plafonné, pour qu'il ne tombe ni gravier ni pouſſiere ſur les *étreſſes* : c'eſt pour la même raiſon que ce lieu doit être bien carrelé.

Comme on ne doit pas balayer quand les *étreſſes* ſont étendues, on a ſoin de profiter du temps où l'étendoir eſt vuide pour l'épouſſeter & balayer, afin qu'il s'éleve moins de pouſſiere, quand on y entre pour étendre.

Au haut du plancher de cette ſalle ſont tendues, à 18 pouces les unes des autres, des cordes auxquelles les Etendeurs attachent les *étreſſes* (*Pl. I. fig.* 7,) par le crochet qu'ils font au fil de laiton qui les traverſe. Comme il eſt toujours avantageux que les *étreſſes* ou cartons ſéchent promptement, on eſt obligé, quand l'air eſt humide, de chauffer la ſalle de l'étendoir avec des poëles; mais les Cartiers qui font un gros commerce, & qui ſont en état de faire des avances, collent & ſéchent, pendant l'été, la quantité de cartons & d'étreſſes qu'ils doivent mettre en cartes pendant l'hiver : quand le temps eſt beau, on peut abattre, c'eſt-à-dire, détendre ce qui a été tendu 24 heures auparavant.

§. X. *Abattre l'Ouvrage.*

L'opération d'*abattre* ſe fait très-promptement : on ſaiſit les *étreſſes* à poignée, & on *dépingle* ; en tirant à ſoi les crochets, les épingles ſe redreſſent : on en forme des tas : toutes ces opérations s'exécutent ſi promptement, qu'en une heure de temps un Ouvrier peut *abattre*, *dépingler*, & mettre en tas tout l'ouvrage qu'un Colleur aura pu faire dans une journée.

Il faut bien ſe garder d'abattre avant que l'ouvrage ſoit ſuffiſamment ſec : ſi les *étreſſes* ne ſont pas ſeches & ſonores quand on les abat, elles ne feront que des cartes mollaſſes & mattes.

Pour *dépingler*, on tire l'épingle de la main droite, pendant qu'on tient le double de la gauche ; on jette l'épingle dans une boîte, on renverſe le double de la main gauche, & on appuie le pouce ſur le trou de l'épingle, pour redreſſer l'*ouvrage* qu'on arrange enſuite bien réguliérement, pour en former une pile.

§. XI. *Du Séparage.*

Comme toutes les *étreſſes*, qu'on a étendues à la fois, ſont collées les unes aux autres, par les bords, il eſt néceſſaire de les ſéparer. Pour cet effet, un Ouvrier aſſis devant une table, prend les mains les unes après les autres ; il en déchire un coin ; il paſſe un couteau de bois qu'on nomme *Coupoir* (*Pl. II. fig.* 14,) entre les *étreſſes*, & en le faiſant couler, il les ſépare promptement, parce qu'elles ne tiennent les unes aux autres que par l'extrémité des bords : cette opération eſt un peu longue, parce qu'il faut ſéparer cinq à ſix étreſſes qui forment une main ; néanmoins on eſtime qu'un Ouvrier pourroit ſéparer dans un jour 25 groſſes d'*étreſſes* ; la groſſe eſt de 12 mains, la main de 25 *étreſſes* : la groſſe fait 300 feuilles.

L'Ouvrier *Sépareur* doit avoir l'attention que la face du papier par où l'épingle a été poſée, ſoit toujours devant lui. On connoît cette face par un petit creux, au lieu qu'à l'autre face il y a une petite élévation. Si on ſéparoit par ce dernier côté, on courroit riſque de déchirer pluſieurs feuilles, ce qu'il faut éviter.

§. XII. *Epluchage ou Triage.*

Comme le moindre gravier, ou tout autre corps dur qui ſe feroit attaché aux cartes, les feroit déchirer quand on les liſſe, il eſt important de viſiter les *étreſſes* ; c'eſt ce qu'on nomme *éplucher* ou *trier*. Les *étreſſes* ayant été ſéparées, ſont remiſes à des femmes qui enlevent avec de petits couteaux pointus tous les brocs & corps étrangers qu'elles apperçoivent ſur les deux ſurfaces des *étreſſes* (*voyez Pl. I. fig.* 8,). Il faut qu'elles évitent d'appuyer ſur l'étreſſe en levant les ordures ; il en réſulteroit un défaut dans les cartes.

Par les ſtatuts des Marchands Cartiers, ils ſont obligés de faire éplucher par les veuves, ou les filles de Maîtres : c'eſt une petite reſſource pour les familles qui n'ont pas bien réuſſi dans leur commerce.

Une Ouvriere qui travaille aſſiduement & avec exactitude, ne peut trier que trois groſſes par jour.

§. XIII. *Du Ponſage.*

Autrefois les étreſſes épluchées étoient miſes ſur une pierre les unes après les autres ; & on paſſoit ſur les deux faces 7 ou 8 fois, une pierre-ponce, qu'on avoit auparavant uſée, pour former ces ſurfaces planes : on détruiſoit par cette opération toutes les inégalités du papier ; il ſe formoit un petit velu qu'on croyoit propre à faire mieux prendre la colle. Mais les Cartiers ont reconnu que cette précaution étoit ſuperflue, & aujourd'hui elle eſt totalement négligée. Quoi qu'il en ſoit, un Ouvrier peut *poncer* 7 à 8 groſſes d'étreſſes par jour.

Après cette opération, il faut imprimer ſur du papier *au pot* les traits des figures ou têtes, ainſi que nous allons l'expliquer.

§. XIV. *Du Moulage.*

Le premier collage, ou le collage en feuilles étant fini, les étreſſes ſe trouvent en état d'être recouvertes, d'un côté par une feuille de papier *cartier*, & de l'autre par une de papier *au pot*. Mais comme il faut pour les figures que les traits qui en expriment les contours, ayent été imprimés ſur le papier *au pot*, avant de le coller ſur les étreſſes, il faut expliquer comment on fait cette impreſſion, ou, comme diſent les Cartiers, comment on *moule de papier*.

Les eſtampes en général ſont de deux eſpeces : les unes ſont tirées avec des planches gravées ſur le cuivre, & les autres avec des planches gravées en bois. A l'égard des planches en cuivre, les traits ſont gravés en creux ; & il faut que le papier mouillé & attendri aille chercher l'encre dans les tailles, par la grande preſſion de la preſſe : aux planches en bois au contraire, ce ſont les éminences de la gravure en relief, qui doivent former les traits, préciſément comme aux caracteres d'Imprimerie. Il faut donc une beaucoup moindre preſſion pour tirer les épreuves de celles-ci ; & c'eſt dans ce cas que ſont les planches ou moules qui ſervent pour les cartes, excepté qu'ils ne portent que les traits avec très-peu de hachures. Ce moule porte auſſi les noms en toutes lettres de chaque figure ; ſavoir, *Alexandre* pour le Roi de Trefle ; *David* pour le Roi de Pique ; *Céſar* pour le Roi de Carreau ; *Charles* pour le Roi de Cœur ; *Argine* pour la Dame de Trefle ; *Rachel* pour la Dame de Carreau ; *Pallas* pour la Dame de Pique ; *Judith* pour la Dame de Cœur. Au bas de preſque toutes les têtes eſt écrit le nom du Manufacturier, *Raiſin*, *Roſe*, &c.

Sur

Sur le Valet de Cœur eſt écrit *la Hire ;* ſur le Valet de Pique, *Ogier;* ſur le Valet de Carreau, *Hector* : le Valet de Trefle n'a point de nom particulier ; mais il porte le nom & l'enſeigne du Cartier, & il a entre ſes jambes le nom de la Généralité où les cartes ont été faites ; par exemple, *G D Paris* ; ce qui indique que les cartes ont été faites à Paris, chez *Raiſin* ou *Roſe*, &c. A l'égard des points Cœur, Carreau, Pique, Trefle, qui ſont au haut des cartes de figures, ils ne ſont point marqués ſur le moule, étant ſimplement formés par les couleurs ; mais les traits qui encadrent ces figures ſont marqués ſur les moules.

Depuis l'établiſſement de l'Impôt ſur les cartes, comme il eſt défendu aux Maîtres Cartiers d'avoir chez eux aucun moule ſervant à imprimer les traits des cartes à portraits ; & comme il leur eſt enjoint d'en venir faire les impreſſions au Bureau de la Régie, on y a établi à cet effet des moules ; & comme ces moules doivent ſervir pour tous les Maîtres Cartiers, le nom des différents Manufacturiers, & quelques ornements dans les écuſſons qu'on varie quelquefois, ſont gravés ſur des pieces de rapport qu'on nomme *Bluteau.*

Autrefois les moules étoient gravés ſur du bois ; mais comme ils s'uſoient aſſez promptement, ils ſont maintenant preſque tous en cuivre, gravés comme on grave les planches en bois ; c'eſt-à-dire, que les traits ſont en relief, & que les blancs ſont creuſés profondément dans le cuivre ; ce qui rend ces moules fort chers.

On en a de différentes grandeurs, proportionnellement au nombre de figures qui ſont ſur chaque moule ; car ſuivant l'uſage des différentes Provinces, les uns portent 20 figures, d'autres 24, & d'autres 30 ; mais comme à Paris, ainſi qu'en Alſace, les moules ne portent que 20 figures, nous ne parlerons ici que de ceux-là.

Les figures ſont rangées ſur les moules à 4 de hauteur ſur 5 en largeur. On ſe ſert ordinairement de deux moules pour l'impreſſion des 12 figures qui entrent dans les jeux qui ſont actuellement le plus en uſage ; ſavoir, les moules des têtes, & ceux des Valets rouges, (*voyez Pl. III*). Le premier contient deux Rois & deux Dames de Cœur & de Carreau, ce qui fait 8 figures ; en outre deux Rois & deux Dames de Trefle & de Pique ; enfin deux Valets de Trefle & de Pique, ce qui fait 12 figures qui jointes aux 8 autres font les 20 cartes qui ſont gravées ſur le moule qu'on nomme *moules des têtes.* L'autre moule (*Pl. IV*), contient 20 Valets, ſavoir 10 de Cœur & 10 de Carreau. On fait cette diſtribution ſur deux moules, parce qu'on enlumine de cinq couleurs les figures du premier moule ; & ſeulement de quatre couleurs, celles des Valets rouges qui ſont le ſecond moule : ſavoir, pour le moule de têtes, le bleu, le jaune, le rouge, le gris & le noir ; cette derniere couleur eſt ſupprimée pour les Valets rouges qui ſont ſur le ſecond moule.

Moyennant la diſpoſition des figures ſur les moules, on imprime cinq feuilles de Rois, Dames & Valets noirs, contre une feuille de Valets rouges, ce qui fait une ſuffiſante quantité de têtes pour 10 jeux de cartes de toute eſpece.

Les cartes priſes dans l'intérieur des traits qui forment leur cadre, ont 3 pouces de hauteur ſur 2 pouces de largeur : il y a en tout ſens entre les cadres un champ d'une ligne de largeur ; c'eſt dans le milieu de ce champ qu'on coupe les cartes, comme nous le dirons dans la ſuite ; ce qui fait que chaque carte doit avoir à très-peu près 3 pouces 1 ligne de longueur ſur 2 pouces 1 ligne de largeur, parce que ces cartes excedent leur cadre d'une demi-ligne dans leur pourtour ; d'où il ſuit qu'un moule qui porte 20 figures, doit avoir exactement dans l'intérieur des traits qui forment le cadre général, 12 pouces 4 lignes de hauteur, ſur 10 pouces 5 lignes de largeur : la feuille de carton excede cette grandeur de 6 à 9 lignes. Ces grandeurs ſont, comme nous l'avons dit, conformes à l'uſage de Paris ; mais elles varient ſuivant la grandeur des jeux qu'on emploie dans différentes Provinces.

Les épreuves des Imagers ſur planches de bois ſe tirent avec la même encre qui ſert à l'impreſſion des caracteres d'Imprimerie : elle eſt faite avec du noir de fumée broyé dans l'huile cuite.

Les épreuves des eſtampes en planches de bois qu'on nomme *en clair-obſcur*, pour leſquelles on charge l'une ſur l'autre différentes couleurs avec pluſieurs planches, ces eſtampes ſont tirées avec des couleurs en détrempe ; il en eſt de même pour les traits des cartes dont les moules ſont chargés avec du noir d'Allemagne délayé dans de la colle.

On délaye dans la même colle qui ſert pour coller les cartes, du noir de fumée, & on laiſſe ce mélange fermenter dans un baquet : comme cette fermentation rend le noir plus coulant, il y en a qui y ajoutent du fiel de bœuf pour exciter la fermentation ; on donne la préférence au noir qui eſt ainſi préparé depuis deux, & même depuis cinq ans, ſur celui qui eſt plus récent. Comme on ne tire point à la preſſe les épreuves ſur les cartes, on aſſujettit le moule ſur quatre petits pieds d'environ un pouce & demi de hauteur, qui entrent dans des trous pratiqués ſur la table où l'on moule : les deux pieds qui ſont du côté de l'Ouvrier doivent être un peu plus hauts que les deux autres. Celui qui tire les épreuves, eſt placé debout devant la table en face du moule, ayant devant lui un pot rempli de noir, & à ſon côté une pierre ſur laquelle il met un peu de ce noir avec un pinceau ; il prend de ſa main droite une broſſe d'environ 9 pouces de longueur ſur 3 de l'argeur, garnie de poils de ſanglier, longs d'un peu plus de 4 pouces ; il frotte cette broſſe ſur la pierre au noir, & il la paſſe ſur toute l'étendue du moule pour le charger de noir ; après quoi il quitte ſa broſſe, & étend ſur ce moule une feuille de papier *au pot*, rendue moite, pour qu'elle s'attache aiſément au moule : enſuite il paſſe pluſieurs fois ſur ce papier un *frotton* (*Pl. II. fig. 6*), qui eſt fait avec des liſieres de drap, ou avec du crin ; alors l'empreinte eſt tirée, ou, comme on dit, le papier eſt *moulé*.

De temps en temps on humecte le *frotton* avec un peu d'huile, pour qu'il coule plus facilement ſur la feuille de papier ſans la déchirer : mais il faut employer peu d'huile ; car ſi la feuille s'en chargeoit trop, elle prendroit mal la colle.

§. XV. *Maniere de mouiller ou* moitir *le Papier.*

Pour que le papier prenne mieux l'impreſſion des traits, il faut, comme je l'ai dit, qu'il ſoit mouillé, ou, en terme de l'Art, *moiti*, ainſi que celui qu'on emploie pour l'impreſſion, & pour les tailles-douces. Voici comment on lui donne cette préparation, pour qu'il ſoit bien pénétré d'eau, & qu'il n'en prenne pas trop.

L'Ouvrier poſe à ſa droite, ſur une table, un baquet plein d'eau nette ; à ſa gauche eſt le papier qu'il veut *moitir* ; il prend environ 6 à 7 feuilles qu'il paſſe dans l'eau, & qu'il poſe ſur une planche qui eſt devant lui : enſuite il prend 6 à 7 feuilles ſeches qu'il poſe ſur les feuilles qui ſont mouillées ; ſur celles-ci, il en poſe d'autres mouillées, & enſuite d'autres ſeches, ce qu'il continue juſqu'à ce que tout le papier qu'il veut *moitir* ſoit ainſi manié : enſuite il porte ce tas à la preſſe pour exprimer une partie de l'eau du papier qui a été mouillé, & en pénétrer celui qui n'a pas été trempé : on laiſſe ce papier en preſſe au moins ſix heures, pour qu'il ſoit bien moite, & bon à mouler. Ordinairement on mouille dès la veille, la quantité de papier que l'on doit mouler le lendemain.

Un fort Mouleur peut imprimer ou mouler en 13 heures de travail 2500 feuilles.

Cette opération ſe fait, comme nous l'avons dit, au Bureau de la Régie, où les Maîtres Cartiers ſont obligés d'envoyer leurs Ouvriers pour mouler, & à qui la Ferme fournit les moules, le noir & le papier.

Les Cartiers emportent chez eux les feuilles moulées, & ils les étendent ſur des cordes pour les faire ſécher.

On l'a déja dit, il ne faut pas que la colle qu'on emploie pour faire le noir ſoit trop nouvelle ni trop chargée de noir ; il faut éviter d'en charger trop le moule ; car ſi les traits étoient très-noirs, ils pourroient contremarquer quand on met à la preſſe, après avoir collé en blanc, ce que les Ouvriers appellent *baiſer*, & le noir pourroit couler ſous le *liſſoir* ; d'ailleurs des traits trop noirs ſeroient déſagréables à la vue ; il vaut mieux que ce ſoient les autres couleurs qui dominent.

§. XVI. *Du Frotton.*

En examinant un frotton fait de crin, il m'a paru qu'il étoit composé de crin fin filé, que l'on a attendri dans l'eau chaude : on fait avec ce fil de crin des demi-révolutions bien serrées, liées les unes avec les autres par un entrelassement de ficelle : cette pelotte peut avoir 10 pouces d'épaisseur dans un sens, & 4 & demi à 5 pouces dans l'autre. On trempe la partie supérieure qui est en dos d'âne, dans quelque mastic, pour mieux assujettir encore les fils de crin, & on recouvre ce mastic d'un cuir assez mince, & assujetti par des fils qui traversent le *frotton*. Celui que l'on fait avec des lisieres de drap (*Pl. II. fig. 6*), est plus en usage que celui de crin, parce qu'il est plus léger & moins sujet à déchirer le papier.

Quand à la fin de la journée, on cesse le travail, on lave les moules dans de l'eau; comme le noir est à la colle, il s'emporte aisément, sur-tout quand on n'a pas donné le temps à la colle de se sécher.

§. XVII. *Du second Collage qu'on nomme* Ouvrage.

Quand on est suffisamment pourvu de papiers moulés, il faut *mêler* & faire de nouveaux tas : cette opération est différente, suivant qu'on doit faire des cartes de trois ou de quatre feuilles.

L'opération de *mêler* pour des cartes de trois feuilles est bien simple; car, comme par le premier collage on a réuni une feuille de *main-brune* avec une feuille de *cartier*, il ne reste plus, pour finir le carton, qu'à y joindre la feuille de papier *au pot* qui a été moulée pour les têtes, ou tout blanc pour les points.

L'Ouvrier place à sa droite un tas de cartons composés chacun d'une feuille de *main-brune*, & d'une feuille de *cartier*; il a soin que deux de ces cartons soient unis ensemble, de façon que les deux feuilles de papier *cartier* se touchent, & soient renfermées au milieu des deux cartons, afin que ces feuilles se conservent proprement & sans ordures.

Le même Ouvrier place à sa gauche un tas de papier *au pot*, rompu; & pour mêler, il pose devant lui, en premier lieu, une feuille de papier *au pot*, par-dessus un carton double, ou deux cartons réunis ensemble, comme il a été dit; puis deux feuilles de papier *au pot*, ensuite un carton double; deux feuilles de papier *au pot*, &c; ce qu'il continue jusqu'à ce qu'il ait fait un tas d'environ quatre rames : il finit par une feuille de papier *au pot*.

Il faut, pour faire les jeux, une certaine quantité de têtes contre un certain

certain nombre de points ; par exemple, s'il eſt queſtion de jeux entiers compoſés de 52 cartes, il faut 40 cartes de points, & 12 cartes de têtes ; mais comme il ne ſeroit pas poſſible d'interpoſer réguliérement ces têtes entre les points, à cauſe qu'il y a 20 cartes différentes ſur un même moule, on met à part les têtes pour en faire un tas particulier, que l'on peint, comme nous le dirons dans la ſuite.

Pour coller ces tas blancs ou moulés, l'Ouvrier poſe devant lui une feuille de papier *au pot* ; ſi elle eſt empreinte de têtes, il met les traits en deſſous : il charge de colle cette feuille avec une broſſe, comme nous l'avons dit plus haut ; il poſe deſſus un carton double, dont il encolle la ſurface, qui eſt de *main-brune*, & poſe deſſus deux feuilles de papier *au pot* ; ſi elles ſont des têtes, les traits doivent être en dedans, repoſant les uns contre les autres : il encolle la feuille de deſſus ; puis il poſe un carton double dont il encolle la feuille ſupérieure : & continuant de même, le ſecond collage eſt fini, & il le porte à la preſſe, où ces cartons doivent reſter pendant une heure : enſuite on dépreſſe, on pique, on étend, on abat, comme il a été dit plus haut.

Quand on fait le ſecond mêlage pour les cartes des petits jeux qui doivent être formées de 4 feuilles de papier, il s'agit de placer une *étreſſe* formée de deux feuilles de *main-brune* collées enſemble, entre une feuille de papier *au pot*, & une autre de *cartier*. L'ordre qu'on ſuit pour ce mêlage, eſt de commencer par mêler *en blanc*, enſuite on mêle en *étreſſe*.

Pour mêler *en blanc*, on prend un paquet de papier *cartier* qui doit faire le derriere de la carte ; le paquet fait deux rames, c'eſt-à-dire, à-peu-près 1000 feuilles : je dis à-peu-près, parce que quand ce papier eſt fort, il peut ſe trouver quelques feuilles de moins. L'Ouvrier prend un pareil nombre de papier *au pot* ; il place le premier à ſa droite, & l'autre à ſa gauche. Quand il veut mêler, il prend une feuille de papier *au pot* qu'il poſe devant lui, puis deux feuilles de papier *cartier*, puis deux feuilles de papier *au pot* ; & il continue ainſi juſqu'à ce que le tas ſoit formé, ſe conformant à ce qui a été dit en parlant du mêlage de *main-brune*, excepté qu'au lieu de faire une retraite ou marge au bas du tas, on la fait ſur le côté : il faut avoir grande attention d'étendre les *froncées* & les plis qui ſe trouvent ſur le papier. Quand l'Ouvrier a fait le mêlage *en blanc*, il fait tout de ſuite le mêlage en *étreſſe*.

Pour cet effet, il poſe à ſa gauche le tas mêlé *en blanc*, & à ſa droite un tas d'*étreſſes*.

Il place devant lui une feuille de papier *au pot*, puis une feuille d'*étreſſe* qu'il poſe en avant, comme il a été dit au mêlage de *main-brune*, pour faciliter le travail du Colleur ; ſur cette *étreſſe* il poſe deux feuilles de *cartier*, enſuite une *étreſſe*, puis deux feuilles de papier *au pot*; ce qu'il continue juſqu'à ce qu'il ait formé un tas de dix mains.

On peut mêler *en blanc* & en *étreſſe* douze ou quatorze tas par jour.

Le collage *en ouvrage* ſe fait comme celui *en feuilles*; c'eſt-à-dire, que l'Ouvrier poſe devant lui une feuille de papier *au pot* qu'il encolle; il la recouvre d'une *étreſſe*, dont il encolle la ſurface ſupérieure; il place deſſus deux feuilles de papier *cartier*; il encolle la ſurface ſupérieure de la ſeconde feuille; il poſe deſſus une *étreſſe* qu'il encolle; enſuite deux feuilles de papier *au pot* dont il encolle le deſſus; & plaçant ſucceſſivement une *étreſſe*, deux feuilles de papier *cartier*, pour une *étreſſe*, puis deux feuilles de papier *au pot*, toujours dans le même ordre que le mêlage a été fait, tout le tas ſe trouve collé pour la ſeconde fois, ou collé *en ouvrage*.

Il faut enſuite porter ce tas à la preſſe, l'y laiſſer pendant une heure; & prendre toutes les précautions que nous avons détaillées plus haut: on pique ces cartons de même que les autres, & on les épingle pour les porter à l'étendoir, avec cette différence qu'on les leve de deux en deux, qu'on nomme des *doubles*, de façon que le papier *cartier* ſe trouve toujours au milieu de deux cartons doubles, afin qu'il ne reçoive point de pouſſiere.

Il y a néanmoins cette différence pour piquer l'*ouvrage*, qu'au lieu de l'enlever entiérement, comme on fait les mains *brunes* collées pour les cartons de point & de figures, on poſe ſur le tas qui ſort de la preſſe, un demi-cylindre ſur lequel on renverſe la moitié des doubles que l'on vient de piquer; & quand il y a environ 30 doubles de renverſés l'un ſur l'autre, on les rabat pour les enlever tous enſemble, & les poſer ſur un fort carton que l'Ouvrier place ſur la table, à ſa gauche, obſervant qu'on ne doit pas piquer plus d'un double à la fois, à moins que ce ne ſoit pour des cartons minces faits de trois papiers, dont l'on peut mettre enſemble deux doubles. Cela fait, on les porte à l'étendoir.

Quand ces doubles ſont bien ſéchés, on les *abat*, & on les *dépingle*.

Je paſſe ſuperficiellement ſur toutes ces opérations, parce qu'elles ſont les mêmes que celles qui ont été décrites plus haut.

§. XVIII. *De la façon de peindre les Cartes.*

Quand les doubles ſont ſéparés, on a les cartons propres à faire les cartes; il s'agit de les redreſſer, afin de les diſpoſer à recevoir les couleurs: pour cela on les met paſſer quelque temps à la preſſe d'où on les tire pour les peindre; ce qu'on appelle *habillage*.

Les têtes ou figures de Rois, Dames, ou Valets noirs, trefles & piques, doivent recevoir cinq couleurs; ſavoir, le rouge, le jaune, le bleu, le gris & le noir.

Les Valets rouges, cœur & carreau, n'ont que quatre couleurs, parce qu'il n'y a point de noir dans leur draperie.

A l'égard des points, on ſait que les cœurs & les carreaux doivent être en rouge ; les piques & les trefles en noir.

On diſtingue dans la peinture celle des têtes & celle des points : les têtes ſe raſſemblent par groſſes, & les points par mains. Un Ouvrier ne peut peindre par jour que douze mains de têtes ; mais il peint juſqu'à ſoixante mains de points, parce qu'il n'y a à celles-ci qu'une couleur à appliquer, au lieu qu'aux têtes il en faut mettre quatre ou cinq ſur un même carton ; d'où il ſuit que douze mains des têtes occaſionnent autant de travail que ſoixante mains de points. Il faut maintenant expliquer la compoſition des couleurs, & détailler la maniere de faire les patrons.

§. XIX. *De la compoſition des Couleurs.*

Pour faire le jaune, on pile 2 livres de graine d'Avignon ; on y mêle un quarteron d'Alun en poudre avec ſix pintes d'eau ; quand ces ſubſtances ont macéré & fermenté, mêlées enſemble, on en exprime le ſuc à travers un linge, après quoi la couleur eſt prête à être employée, ſans qu'elle ait beſoin d'être collée. Si on étoit preſſé de cette couleur, & qu'on n'eût pas le temps de la laiſſer fermenter, on feroit bouillir la graine d'Avignon & l'alun dans de l'eau.

Le rouge eſt fait avec du vermillon ou cinabre délayé avec un peu d'eau, & de la même colle qui a ſervi à faire les cartons. On met plus ou moins de cinabre, ſuivant qu'il eſt plus ou moins rouge, afin que la couleur ne ſoit ni trop pâle ni trop foncée : on ſe regle ſur des eſſais que l'on fait, avant que d'employer cette couleur ſur les cartes.

Le noir ſe fait comme le rouge, excepté qu'on emploie du noir de fumée, au lieu de vermillon. Mais il faut que ce noir ſoit anciennement fait. On délaye ce noir de fumée avec de la colle dans un grand baquet ; on laiſſe ce mélange pourrir 5 à 6 mois avant que d'en faire uſage ; on a ſoin de le mouvoir de temps en temps, ſans quoi il ſeroit ſujet à s'étendre, ou à *traîner* ſur la carte, ce qui occaſionne des pertes au Fabriquant : il faut donc en avoir toujours de vieux fait. On met ce noir, ainſi que les autres couleurs, dans un pot, & l'on y ajoute aſſez d'eau & de colle, pour que la peinture ne ſoit point trop épaiſſe.

Le bleu ſe fait avec de l'indigo qu'on fait diſſoudre dans de l'eau avec un peu de colle.

Le gris ſe fait auſſi avec de l'indigo ; mais la teinte en eſt fort légere.

Ainſi pour faire le bleu, & ce qu'on appelle le gris qui eſt un bleu fort clair, on pile l'indigo en pierre dans un mortier ; enſuite on le broye ſur le marbre avec de l'eau : il faut un jour entier pour en broyer une livre. On conſerve ce bleu ainſi broyé ; & quand on veut s'en s'en ſervir, on en délaye un peu avec de la colle & de l'eau. Il faut très-peu de bleu pour faire le gris.

§. XX. *Des Patrons.*

Les cartes ne s'enluminent point au pinceau, mais avec des pieces découpées qu'on nomme *Patrons*, de même que certains caracteres qu'on forme avec la broſſe, & des morceaux de clinquant découpés ; d'où il ſuit qu'il faut avoir autant de différents patrons qu'on emploie de couleurs différentes.

Les pieces qu'on découpe pour faire les patrons ſe nomment *Imprimûres.*

§. XXI. *Des Imprimûres.*

Les *imprimûres* ne ſont autre choſe qu'une feuille de papier enduite en deſſus & en deſſous de pluſieurs couches d'une impreſſion de peinture à l'huile.

On dit que cette impreſſion eſt faite avec de la poudre de coquilles d'huitres, broyée avec de l'huile de lin.

On paſſe, le plus uniment qu'il eſt poſſible, ſix couches de cette peinture ſur chaque face du papier ; & quand les dernieres couches ſont à-peu-près ſeches, on les ſoupoudre d'un peu de gros ſon, pour que les *imprimûres* ne ſe collent pas les unes aux autres.

Les Cartiers de Paris les tirent de Rouen en cet état ; mais ce ſont eux-mêmes qui les découpent.

§. XXII. *Maniere de découper les Imprimûres pour les Cartes de Points.*

Après ce que nous avons dit, on conçoit qu'il faut découper les imprimûres aux endroits où l'on veut que les couleurs s'impriment ſur les cartes. On ſe ſert d'emporte-pieces pour les cartes de points ; ces emporte-pieces ſont des poinçons d'acier tranchants par les bords, qui répréſentent les figures de cœur, carreau, trefle & pique (*Pl. II, fig.* 16). En plaçant l'imprimûre ſur un billot de bois, & poſant les différents poinçons conformément aux places que les points doivent occuper ſur les cartes, on emporte la piece d'un ſeul coup de maillet. Pour placer plus réguliérement les points ſur les cartes, on fait ce qu'on appelle un *compaſſage.*

§. XXIII. *Maniere de faire les Compaſſages pour placer réguliérement les Points.*

Les Cartiers font leurs Compaſſages ſur un carton blanc diviſé en vingt cartes.

Ils prennent pour cela une feuille de figures, afin que les cartes de points ſoient de la même grandeur que celles des figures, & qu'il y ait vingt cartes ſur le compaſſage comme ſur les moules; enſuite ils frappent ou découpent les compaſſages. Pour cela on poſe la feuille compaſſée ſur un gros billot de bois *S* (*Pl. II. fig.* 17), & on prend l'emporte-piece *R* qui forme pique ou trefle, cœur ou carreau (*fig.* 16); ce qui fait les quatre cartes du jeu : ſi c'eſt le pique, on commence par le coin gauche d'en haut du compaſſage; on frappe légérement avec un maillet, & on fait dans le premier quarré de la feuille le 7 de pique; dans le quarré ſuivant, l'as; enſuite le 9, puis le 10, enfin le 8 : ces cinq cartes forment la premiere bande qu'on nomme *coupon* ou *coupeau.*

On frappe le 9 de pique ſous le 8; le 7 ſous le 10; l'as ſous le 9; le 8 ſous l'as; le 10 ſous le 7; & cela fait le ſecond *coupeau.*

On frappe les trefles dans les deux bandes du bas de la feuille, ſuivant le même ordre que les piques.

On frappe d'autres compaſſages pour les cœurs & les carreaux, en obſervant, ſi l'on veut, le même ordre que nous venons d'indiquer.

Ceci ne ſert que pour les *Piquets :* pour les *Quadrilles*, on frappe ce que l'on nomme *bas-jeux*, & il faut qu'il y ait ſur chaque coupeau un 2, un 3, un 4, un 5 & un 6; une feuille eſt remplie de cœurs & de carreaux, & une autre de piques & de trefles : les 7 & as, rouges & noirs, ſont ſur des feuilles particulieres : de même que pour les jeux de *brelan*, on met ſur une feuille les 8 & les 9 rouges; & ſur une autre les 8 & les 9 noirs; on fait encore des feuilles particulieres pour les 10, rouges & noirs.

Les feuilles pour le *try* ſont ſemblables à celles du *quadrille*, excepté qu'il n'y a point de carreaux, ni de 6 de cœur. On met dans le premier *coupeau* cinq 4 de cœur; dans le ſecond, cinq 2; dans le troiſieme, cinq 3; dans le quatrieme, cinq 5; les 7 & les as de cœur ſe frappent au premier coupeau; ſavoir, cinq 7 aux deux du milieu, ſur chacun cinq as de cœur, & ſur le coupeau du bas de la feuille, comme à celui du haut, cinq 7, tous cœurs.

Les Cartiers n'ayant tracé ſur leur compaſſage que la grandeur des cartes, ils placent aſſez juſte, à la ſimple vue, les différents points; mais ſi l'on vouloit faire quelque choſe de plus précis, on pourroit employer la méthode que je vais expliquer.

Suivant l'uſage de Paris & d'Alſace, chaque patron doit porter vingt cartes, & chaque carte doit avoir 3 pouces 1 lignes de hauteur, & 2 pouces 1 ligne de largeur; d'où il ſuit que le carton ſur lequel on veut faire le compaſſage, doit avoir 12 pouces 4 lignes de hauteur, ſur 10 pouces 5 lignes de largeur, parce qu'il doit contenir 4 cartes de hauteur, ſur 5 de largeur; le carton deſtiné au compaſſage doit excéder cette dimenſion de quelques lignes, & être bien uni & bien dreſſé.

On formera ſur ce carton un cadre *A B C D* (*Pl. I. fig.* 11.), qui aura préciſément 12 pouces 4 lignes de hauteur *A C*, ou *B D*, & 10 pouces 5 lignes de largeur *A B*, ou *C D* : *Nota* que c'eſt la ligne intérieure qui forme le cadre; ce qui l'excede, ſera rogné.

On diviſera la longueur de la feuille en cinq parties égales par quatre traits 2, 2; 3, 3; 4, 4; 5, 5; qui doivent être à 2 pouces 1 ligne les uns des autres, ce qui établira la largeur des cartes.

On diviſera les lignes *A C*, & *B D*, en quatre, par les trois traits 7, 7; 8, 8; 9, 9; il doit y avoir 3 pouces 1 ligne d'un trait à l'autre, ce qui fixe la longueur de la carte.

On diviſera en deux les eſpaces 1, 2; 2, 3; 3, 4; 4, 5; 5, 6; par les lignes 10, 10; 11, 11; 12, 12; 13, 13; 14, 14; c'eſt ſur ces lignes qu'on placera les as, les 2, les 3 : le point du milieu des 5 & des 9, les deux points des 8 & des 10, & le point d'en bas des 7.

On diviſera en deux les eſpaces 1, 7; 7, 8; 8, 9; 9, 1; par les lignes 15, 15; 16, 16; 17, 17; & 18, 18; c'eſt ſur le point d'interſection des lignes horizontales par les verticales, qu'on placera les as; & le point du milieu des 5 & des 9; ainſi *a* eſt ce point.

Il faut à 5 lignes de diſtance des lignes 6, 9, & 1, 6, tirer les paralelles 19, 19; 20, 20; c'eſt au point d'interſection de ces lignes par celles qui diviſent en deux les cartes, ſavoir, en *b*, *b*, qu'on placera les points des 2; & ſi l'on met au point *a* un as, on aura un 3.

Tirez à 5 lignes de diſtance des lignes 2, 2; 3, 3; les paralelles 21; 21; 22, 22; & ce ſera aux points *c*, *c*, *c*, *c*, qu'on placera les 4; ſi l'on met un as en *a*, on aura les 5; & pour avoir des 6, on placera un point en *d* & *d*, où les lignes *c*, *c*, ſont coupées par les lignes 18, 18. En diviſant l'eſpace *c d* en deux, & portant l'ouverture de compas ſur la ligne du milieu de *a* en en bas, on aura le point *e*, où doit être placé celui du 7, & en en haut le point *f* qui eſt celui du 8.

Si après avoir placé les points *c*, *c*, *c*, *c*, comme pour les 4, on diviſe les lignes *c*, *c*, en trois parties égales, on aura les points *g*, *g*, pour les 9 & les 10 : en ajoutant le point *a*, on aura donc le 9; & pour les 10 il faudra placer les points *e*, *f* comme pour les 8.

En ſuivant cette petite méthode, on aura des compaſſages plus réguliérement tracés qu'ils ne le ſont communément.

Pour frapper les points, il faut poser une *imprimûre* sur un billot de bois, puis placer dessus fort exactement un compassage, les assujettir ensemble avec des clous d'épingle ; & au moyen d'un emporte-piece & d'un maillet, emporter les points ; & alors les patrons pour les points seront en état de servir aux Peintres.

§. XXIV. *Patrons pour les Têtes & Valets.*

On prend une *imprimûre* & une feuille de carton où les figures soient moulées ; on la choisit bien unie & sans plis ; on la pose sur l'*imprimûre*, & on l'y assujettit avec des clous d'épingle ; ensuite avec un petit couteau pointu & bien tranchant, ou avec une espece de canif, on découpe toutes les parties qui doivent être en jaune, coupant à la fois & la carte & l'*imprimûre* : c'est ce qui forme le patron jaune.

On pose le même carton moulé, qu'on nomme une *faute*, sur une autre *imprimûre*, pour découper tout ce qui doit être en rouge, & alors on a le patron rouge : on agit de même pour faire le patron bleu, le patron gris, & le patron noir.

Ceux qui ne sont pas bien habitués à ce travail, prennent des cartons peints pour ne se point tromper dans les couleurs qui doivent faire chaque patron.

Il arrive quelquefois que le papier qui sert à marquer le traits qu'il faut découper, a des défauts, principalement quand les moules sont neufs ; en ce cas on découpe en suivant son idée, afin que les cartes soient bien enluminées.

Nous avons dit plus haut qu'on enlumine les têtes, les Rois, Dames & Valets noirs, avec cinq couleurs : il faut donc pour ces cartes cinq patrons ; & il n'en faut que quatre pour les Valets rouges, parce qu'on n'y emploie point le noir.

Il faut en outre marquer avec l'emporte-piece sur chaque patron le point cœur, carreau, trefle ou pique, qui appartient à chaque figure : il est sensible qu'il faut emporter les points trefle & pique sur les patrons noirs, & les cœurs ainsi que les carreaux, sur les patrons rouges.

On a pu remarquer que la plupart des Cartiers observent, pour les cartes de point, d'entre-mêler les cartes qui portent différents nombres de points : ils disent que c'est afin que leur assortiment ne soit point dérangé quand il arrive quelque accident à un carton.

Les cartons étant faits, & les couleurs préparées, je vais entrer dans le détail du travail du Peintre.

§. XXV. *Maniere de peindre ou enluminer les Cartons.*

Pour peindre les cartes de points, le Peintre (*Pl. II. fig.* 2), à côté duquel est un tas de cartons doubles, en pose un devant lui qu'il recouvre d'un patron.

Il prend avec un petit goupillon de la couleur qui est dans un pot (*fig.* 11), & il la met à sa droite sur une planche (*fig.* 13) qui se nomme *platine;* il tourne sur cette platine une grosse brosse ou pinceau (*fig.* 8), pour le charger de la couleur qu'il doit appliquer : il passe cette brosse à plusieurs reprises, mais légérement sur le patron, pour que la couleur s'imprime dans tous les endroits où il y a des ouvertures au patron qu'il leve ensuite doucement; il pose le carton double qu'il a enluminé à sa gauche, afin que la couleur se seche avant qu'il en ait peint un autre : ainsi quand il a fini de peindre tout un tas sur un côté, il le reprend pour le peindre de l'autre.

Comme il faut avoir une certaine quantité de chaque carte de points pour faire l'assortiment des jeux, les Cartiers se font une habitude de peindre un nombre de cartes avec un même patron. A l'égard des têtes, on pose successivement sur les traits que le moule a tracés, les quatre ou cinq patrons des différentes couleurs; & les ouvertures des patrons qui laissent appercevoir les traits de la gravure servent à placer convenablement le patron sur les empreintes du moule; de sorte qu'il n'y ait point d'interruption entre les couleurs, ce qu'on appelle des *Fenêtres.*

Un habile Ouvrier peut peindre 72 à 80 mains de points par jour.

§. XXVI. *Séparer les Cartons de Figures & de Points.*

Quand les cartons sont peints, ou, comme on dit, *habillés* des deux côtés, on sépare les doubles. Un Ouvrier peut séparer en un jour 450 mains de cartons : cette opération s'exécute bien plus promptement que sur les *étresses*, parce qu'il n'y a que deux cartons à séparer.

On prend un couteau de bois qu'on appelle *bâton à séparer*, comme pour les *étresses*; après avoir déchiré un petit coin du carton, on passe le couteau entre deux cartons, on sépare les doubles, & on les pose l'un sur l'autre, laissant une petite retraite pour que le Chauffeur puisse les lever plus aisément.

Quand les cartons ont été séparés, ils sont ternes, & les couleurs sont peu brillantes. L'opération de les lisser leur tient lieu de vernis, & rend les cartes coulantes quand on les bat : il faut maintenant expliquer comment on fait cette opération.

§. XXVII. *Du Chauffage & du Lissage.*

La *lisse* est ce qui donne aux cartes le luisant qui fait un de leurs principaux mérites;

mérites; & comme pour les lisser, il faut que les cartons soient non-seulement bien secs pour que la peinture ne s'étende pas, mais encore qu'ils soient fort chauds, il est nécessaire de dire comme on les chauffe.

Le *chauffoir* est une caisse de tôle carrée, supportée sur des pieds comme ceux d'une table *F* (*Pl. II. fig.* 24); on met de la cendre au fond de cette caisse, & on allume dessus des charbons 1; on pose sur les bords de cette caisse une cage qui est formée par 4 bandes de fer plat 2, 2, & 3, 3, dont les bouts forment de grandes agraffes ou crochets 4, 4. On établit entre cette cage & les agraffes quatre planches minces qui, étant assemblées par leurs bouts, forment une espece de caisse sans fond; ces planches sont mises ainsi pour retenir dans l'intérieur de la cage la chaleur des charbons: on pose dans les mêmes crochets 4, 4, entre les planches & la cage quatre cartons, la peinture tournée vers le feu: ils prennent en peu de temps assez de chaleur pour qu'on ne puisse pas tenir le dos de la main appuyé dessus; il faut prendre garde qu'ils ne roussissent: on en retire un qu'on pose à plat sur le dessus de la cage, toujours la peinture tournée du côté du feu, & on met un nouveau carton à la place de celui qu'on vient d'ôter; on ôte sur le champ un autre carton qu'on pose horizontalement sur la cage, sous celui qu'on y a placé en premier lieu, & l'on remet un nouveau carton dans les agraffes, à la place de celui qu'on vient d'ôter: on fait la même chose pour le troisieme & le quatrieme carton; & quand il y en a quatre sur le dessus de la cage, on les ôte, & on les pose sur une chaise où l'on fait un tas de ces cartons chauffés. Quand par la répétition de cette opération qui s'exécute assez promptement, le tas a pris une certaine épaisseur, on le porte au Savonneur.

§. XXVIII. *Travail du Savonneur.*

Il est nécessaire, pour que la lisse n'égratigne pas les cartons, de savonner légérement leur superficie avant de les lisser.

Pour cet effet, le Savonneur se place vis-à-vis une pierre forte & bien unie, ou une table solide *O* (*Pl. II. fig.* 18.), & ayant à sa gauche un tas de cartons échauffés, & à sa droite un pain de savon *P*, il pose devant lui un carton, la peinture en en haut, parce que c'est cette surface qu'on se propose de lisser; il prend dans sa main droite un *frotton* ou *savonnoir Q* (*Pl. II. fig.* 15.), qui est fait avec des pieces de vieux chapeaux bien dégraissées, fermement cousues les unes sur les autres, & en quantité assez suffisante pour que le frotton ait près de 3 pouces d'épaisseur; sa longueur est de 8 à 9 pouces.

Il passe ce fronton sur le pain de savon à sec; ensuite il va en frotter le côté du carton qui est peint, & y laisse une légere impression de savon qui suffit pour faire couler le lissoir.

§. XXIX. *Travail du Lisseur.*

Le lissoir (*Pl. II. fig.* 3.), est composé principalement de cinq pieces; savoir, une table solide *a*, sur laquelle est un marbre noir poli *b* ou *O* (*fig.* 18), qui doit être un peu plus grand que ne le sont les cartons. C'est sur ce marbre qu'on les pose pour recevoir l'impression de la lisse *c*, qui est un caillou noir *n* (*fig.* 19.), de la nature du *silex*, ou de la pierre à fusil; on l'aiguise sur un grès fort dur pour dresser à-peu-près deux faces paralleles, & afin que le dessous *o*, qui doit appuyer sur le carton, forme un quart de rond exactement poli.

Ce caillou qu'on garnit par en haut d'un peu de linge, entre à force dans une mortaise *p* (*fig.* 19), pratiquée dans un morceau de bois quarré de 5 pouces de hauteur, & de pareille largeur, sur 2 pouces & demi d'épaisseur: on le nomme la *Boîte*. Ce caillou y est ajusté de maniere qu'il excede la mortaise d'environ un demi-pouce (*voyez n, fig.* 20.); aux deux bouts de la piece de bois dont nous venons de parler, sont deux poignées *q*, qu'on nomme *Manchereaux*, & que le Lisseur tient des deux mains pour faire agir la lisse, comme on le voit dans la figure 3. Au-dessus de cette piece de bois qui sert de chappe ou de boîte au caillou, il y a une entaille circulaire *N* (*fig.* 19 & 20.), au milieu de laquelle on a ménagé une languette qui entre dans une autre entaille, ou enfourchement pratiqué à l'extrémité de la perche verticale *M* (*fig.* 21.); cette perche est arrondie au bout d'en haut, comme une portion de sphere, & cette partie est reçue dans une calotte de bois qui est ajustée au bout d'une planche *d* (*fig.* 3.), qui étant attachée aux solives par son autre bout, fait ressort pour appuyer fortement le caillou contre le carton *c*, qui est couché sur le marbre *b*; par ce moyen le Lisseur n'a qu'à pousser & retirer à lui la lisse sur toute l'étendue du carton qui prend alors ce brillant qui distingue les bonnes cartes d'avec les communes. Cette opération ne laisse pas d'être fatiguante.

Au bout *c* de la planche (*fig.* 3.), il y a une corde qui répond aux pieds qui supportent la table; elle sert à charger ou à décharger la lisse, suivant que le carton a besoin d'être rabattu.

Souvent on lisse le côté peint avant de dédoubler ou séparer les cartons; en ce cas on savonne & on lisse les deux faces des doubles.

La lisse fait ordinairement prendre une courbure aux cartons; il les faut alors redresser, ou, comme l'on dit, *dresser l'ouvrage*: pour cela, le Lisseur prend 14 ou 15 doubles, & les pliant en ſens contraire, il les rend preſque droits.

Quand les cartes ont été liſſées du côté de la peinture, on les porte au chauffoir pour être chauffées du côté qui n'eſt point peint; enſuite on les ſavonne & on les liſſe de ce même côté; & après ces opérations qui ſont les mêmes que celles que nous venons d'expliquer, les cartons ſont en état d'être portés aux Coupeurs.

Nous remarquerons ſeulement qu'on chauffe plus vivement le derriere des cartes, que le côté des peintures: on les liſſe auſſi plus ferme, & avec un caillou plus arrondi que celui qui a ſervi à liſſer le côté des figures.

Un Ouvrier habile peut liſſer 36 à 40 mains par jour.

Les Cartiers liſſent ordinairement leur ouvrage par *boutées*: une boutée eſt compoſée de 40 ſixains, & contient plus ou moins de cartons, ſuivant l'eſpece de jeux auxquels on les deſtine.

Le nombre de cartons ne varie jamais pour les têtes & les Valets, parce qu'il y en a toujours la même quantité dans toutes les eſpeces de jeux.

On ſubdiviſe les *boutées* par *patrons*. On entend par ce nom une quantité de chacune des eſpeces de cartons qui ſervent à former les boutées; & cette quantité eſt plus ou moins forte, ſuivant le nombre & l'eſpece de carton qu'on veut réduire en jeu. Rendons ceci plus clair.

On comprend dans les patrons de têtes, les Valets rouges: les patrons de gros jeux ſont les dix, les neuf & les huit; les patrons de bas jeux ſont les ſix, les cinq, les quatre, les trois & les deux; enfin les ſept & les as ſont peints enſemble ſur un même patron.

Une *boutée* de 40 ſixains de jeux entiers eſt compoſée de cinq mains de têtes, d'une main de Valets rouges, de huit mains de gros jeux, de deux mains de ſept & as, & de dix mains de bas jeux.

Cet exemple indique ce qui doit compoſer les *boutées* de quadrille, piquet & brelan, deſquels il faut retrancher le gros & le bas jeu.

Il y a des Maîtres Cartiers qui ne compoſent leurs *boutées* que de 20 ou 30 ſixains, ce qui dépend de leur débit; mais dans ce cas, il n'eſt queſtion que de proportionner le nombre de feuilles que chaque patron doit contenir, à la quantité de ſixains qu'on veut fabriquer.

Pluſieurs Maîtres Cartiers ont ſoin d'avoir en magaſin beaucoup de *boutées* de toutes eſpeces, liſſées par-devant, afin d'être en état de ſatisfaire plus promptement aux demandes qu'on leur pourroit faire; & ils ne liſſent le derriere de leurs cartons, qu'à meſure qu'ils veulent les réduires en cartes, parce que l'air altere toujours un peu le luiſant que la liſſe donne aux cartes, & qu'ils ne peuvent conſerver avec trop d'attention la beauté de leur ouvrage pour le derriere des cartes.

Un bon Ouvrier peut liſſer par jour, des deux côtés, 20 ou 25 mains de cartons, en donnant 24 coups de lisse à chaque côté du carton. Les Ouvriers qui ne donnent que seize coups de lisse font un tiers plus d'ouvrage, mais qui n'est pas si beau.

§. XXX. *Mener au ciseau, ou couper les Cartons.*

Lorsqu'une *boutée* de cartons est lissée par le côté des peintures, & par le derriere, il faut la réduire en cartes, & couper les cartes de têtes entre les traits qui encadrent les figures & les cartes de point de la même grandeur.

Quand on fait attention à l'égalité qui se trouve entre toutes les cartes qui forment un jeu, on est porté à croire que pour les couper, il a fallu les réunir, & les serrer dans une presse, comme si elles ne faisoient qu'un seul corps; en un mot, à-peu-près comme les Relieurs coupent la tranche d'un livre. Mais il en est tout autrement : les cartes sont toutes coupées séparément avec des ciseaux; & quoique le Cartier ne soit guidé par aucun trait pour les cartes de point, elles sont précisément de la même grandeur, & aussi réguliérement coupées que les figures; & ce qu'il y a encore de plus singulier, c'est que l'Ouvrier Coupeur peut atteindre aisément à cette précision, sans y mettre beaucoup d'adresse. Son ouvrage sera presque toujours bien exécuté quand il aura exactement ajusté son établi.

C'est presque à ce seul point que se réduit la science du Coupeur.

Tout homme adroit & intelligent parviendra à couper assez réguliérement une feuille de tête, mais il y emploiera bien du temps, & il faut que l'ouvrage s'expédie fort promptement & avec précision; c'est ce qui fait que les bons Coupeurs sont fort rares.

Avant de mettre aux ciseaux l'ouvrage lissé du côté de la peinture, & par le derriere, il faut le *redresser*. En lissant les feuilles par le derriere, l'ouvrage a pris une courbure dont le côté blanc est la face concave. Pour bien couper, il faut au contraire que la partie peinte soit concave: ainsi, comme nous l'avons dit, on *rompt*, ou on *dresse* l'ouvrage (car on se sert de l'un & l'autre terme); en un mot, on fait en sorte que les feuilles fassent un peu la gouttiere, dont la face peinte soit l'intérieur.

L'établi d'un Coupeur consiste, 1°, en une table bien solide *a a* (*Pl. II. fig.* 4.); 2°, en un étau *b* (*fig.* 4 & 23.); 3°, en deux ciseaux, un grand & un petit.

Le grand ciseau qui sert à rogner & à couper les cartons en quatre bandes qu'on nomme *coupeaux*, a de longueur à sa partie tranchante, depuis le clou, jusqu'à l'extrémité de la lame, environ 20 pouces.

Les petits ciseaux dont les lames ont 10 à 11 pouces de longueur, servent à recouper les coupeaux en cinq parties, parce que chaque coupeau doit fournir

fournir cinq cartes. On voit le grand ciseau désassemblé *V u* (*fig.* 24), & en position *C* (*fig.* 4).

L'étau est une planche épaisse de deux bons pouces, & qui a 12 à 13 pouces en quarré : elle est représentée séparément en *Z* (*fig.* 23). On voit au bas deux forts tenons 4, 4, qui doivent entrer dans des mortaises qui sont au-dessus de la table, & y être fermement assujettis dans une position verticale par les coins 5, 5 : on voit l'étau en place *b* (*fig.* 4).

L'usage de cette planche qui s'éleve verticalement sur la table est, qu'en appuyant sur sa surface *Z* un des bords du carton, le ciseau coupe les cartes précisément de la longueur & largeur qu'elles doivent avoir : ainsi il faut que les lames du grand ciseau soient placées bien parallélement à la face *Z* de l'étau *b*, afin que les cartes ne soient pas plus larges à un bout qu'à l'autre ; il faut encore qu'il y ait précisément entre la ligne des tranchants du grand ciseau, & la surface *Z* de l'étau, une distance égale à la longueur que doivent avoir les cartes. Le petit ciseau doit être plus près de son étau, parce qu'il coupe les cartes de largeur.

L'art du Coupeur consiste donc principalement à bien assujettir sur sa table les étaux & les ciseaux, de façon que la ligne du tranchant des ciseaux soit bien parallele à la surface *Z* des étaux, & qu'elle en soit exactement éloignée de la longueur de la carte pour les grands ciseaux, & de la largeur pour les petits.

Outre cela, pour se donner encore plus de facilité, il pique sur la surface *Z* de l'étau deux ou trois pointes de fer 3, 3, 3, (*fig.* 23) sur une ligne qui est inclinée à la surface de la table, d'une même quantité que le tranchant de ciseaux est à l'égard de la même table, afin qu'en faisant reposer les cartons sur les pointes 3, 3, 3, ils se trouvent dans la position qui convient pour être coupés par les ciseaux, & qu'en appuyant le bord du carton contre la surface *Z* de l'étau, suivant la ligne ponctuée *b*, *b*, (*fig.* 23.), la carte soit exactement coupée, sans que ce travail exige beaucoup d'adresse de la part du Coupeur. Mais il faut pour cela que les ciseaux soient solidement & invariablement attachés à la table : voici comme on satisfait à cette importante condition.

L'extrémité 2 de la lame *V* (*fig.* 24), est recourbée ; & cette partie est arrondie pour pouvoir entrer dans un trou qui est à la table *a* de la *fig.* 4, elle y est fermement assujettie en cette situation, ou avec une clavette *I* (*fig.* 24.), qu'on frappe par-dessous la table, ou avec un écrou, quand cette branche est taraudée. Les deux branches de ciseaux *V*, *u*, doivent être réunies par un clou ; ce clou est à vis, & il traverse non-seulement les queues *Z*, *Z* du ciseau, mais encore la piece de fer en enfourchement *x* ; ainsi après avoir fait entrer la partie *x* dans la table, & l'y avoir assujettie par l'écrou *y*, on place les deux lames *V*, *u*, du ciseau, dans l'enfourchement par le clou à vis *y*; & au moyen de l'écrou 7, le ciseau se trouve solidement assujetti dans la position que le Coupeur doit lui donner. Ce n'est cependant pas encore tout : comme les lames sont fort longues, il convient d'empêcher qu'elles ne plient. Pour cela, l'extrémité de la lame *V* est reçue entre les deux platines de fer arrondies 1, & 2 (*fig.* 23); qui sont à l'extrémité du clou à vis *y* qui entre dans le trou *C* de l'étau où on le fixe, au moyen de l'écrou *b*, de sorte que la lame *V* est retenue en trois endroits; d'abord par sa branche 2, ensuite à l'endroit du clou par la piece d'enfourchement *X*, & enfin à son extrémité *X* par les rondelles 1, & 2, qui sont au bout du clou à vis *a*.

Au moyen de cette derniere piece, on parvient, en serrant plus ou moins la vis qui traverse l'étau, à rendre le tranchant des lames bien parallele au plan de cet étau.

Le Coupeur, après avoir bien disposé le grand & le petit ciseau avec leur étau, se place devant la table, comme on le voit (*fig.* 4.). Il prend de sa main gauche un carton au tas *d*, qui est à côté de lui, & il rogne le carton, c'est-à-dire, qu'il emporte avec les grands ciseaux, tout ce qui excede au bout d'en haut, le trait qui forme le cadre général, ou qui renferme toutes les figures, en coupant, comme disent les Ouvriers, entre le *champ de la barême*, & celui de *la carte* : je parle ici des têtes. Il rogne de la même façon le côté droit : cette opération qu'on nomme *rogner* est nécessaire pour dresser les bords du carton, afin qu'il puisse dans la suite s'appliquer exactement contre la surface de l'étau, & elle exige plus d'adresse que les autres, parce que le Rogneur n'est pas guidé par l'étau. Pour peu qu'on y fasse attention, on appercevra qu'il suffit de rogner le haut de la carte pour trancher les *coupeaux*, c'est-à-dire, pour diviser le carton en autant de parties qu'il contient de cartes en hauteur; ce qui s'appelle *traverser*. De même il suffit d'avoir rogné le côté droit du carton, pour guider le *coupeau*, lorsque, avec le petit ciseau, il divisera les coupeaux en cinq parties, ce qu'on appelle *trancher* par cartes.

A l'égard des cartes de point, on est guidé, pour rogner, par de petites marques triangulaires qui sont désignées sur le patron des points noirs dans la planche V par les lettres *a b c d*; au reste on peut rogner un peu plus loin, ou plus près, suivant que le compassage le demande.

Le carton étant rogné, comme nous venons de l'expliquer, par le haut & par le côté droit, le Coupeur ouvre les ciseaux; il passe le carton entre les deux lames; il en appuie le bord contre la face *Z* de l'étau (*fig.* 23); il laisse le carton reposer sur les pointes de fer 3, 3, 3; après quoi, en fermant le ciseau, il coupe une tranche qui porte cinq cartes, & qu'on nomme *coupeau*.

Quand il a divisé les cartons par coupeaux, il les ramasse, il les réunit,

& les posant verticalement, ou par le tranchement sur la table, il retire celles qui débordent, pour les repasser au ciseau : c'est-là ce qu'on nomme *ajuster*.

Quand les cartons ont été divisés par *coupeaux*, & *ajustés*, on les *corrompt* ; c'est-à-dire, qu'en en prenant 5 ou 6 entre les deux mains, on les plie un peu dans le sens de leur longueur, pour les rendre concaves du côté de la peinture : cette forme est plus commode pour les *mener* au petit ciseau ; c'est-à-dire, pour diviser les cartes avec plus de facilité. Au reste, cette opération qu'on nomme *trancher par cartes*, s'exécute comme pour trancher par *coupeaux* ; & en formant les coupeaux, ainsi qu'en divisant les cartes, on rogne le côté gauche & le bas du carton qui ne l'a pas été en premier lieu.

Un habile Coupeur peut, en un quart-d'heure, *mener* au grand & au petit ciseau une boutée de 40 sixains de jeux entiers, & à proportion, une plus grande quantité de petits jeux ; ce qui fait environ 80 mains par jour.

§. XXXI. *Du Travail sur la Table.*

Il y a dans les atteliers des Cartiers une grande table devant laquelle s'asseyent plusieurs Ouvriers : on porte sur cette table les cartes coupées ; il reste à les *assortir*, à les *trier*, *jetter*, *recouler*, & *envelopper* par *jeux* & *sixains* : expliquons en détail ces différentes petites opérations.

§. XXXII. *Assortir, Trier, & Recouler.*

Assortir, c'est ranger les cartes de façon que toutes celles d'une même espece se trouvent ensemble, par exemple, tous les Rois, toutes les Dames, tous les Valets, as, dix, &c.

On prend un *patron*, qui est, suivant les différentes Fabriques, de 5 à 6 mains d'*ouvrage* ; les 6 mains forment 300 cartes mêlées les unes avec les autres, suivant l'ordre des moules ou des patrons.

Si ce sont des figures, on commence par la Dame de pique qu'on pose sur la table, & à côté de cette Dame, le Roi & le Valet de pique ; puis sur la même ligne, Roi & Dame de cœur, Roi & Dame de carreau, Valet, Roi & Dame de trefle ; ce qui fait 10 cartes sur une même ligne, ou la moitié d'une *feuille* ; on arrange les 10 autres de même, un peu au-dessus : s'il n'y a point eu de *déchet* ou de *mélage* au petit ciseau, toutes les cartes de chaque sorte doivent se trouver à leur place.

On arrange de même les points rouges & noirs : à l'égard des Valets rouges, ils s'assortissent en deux tas seulement, au lieu que les têtes s'assortissent en vingt tas, moitié sur une ligne, moitié sur une autre, & qu'on réunit ensemble par sortes.

En même temps on *trie* & on *recoule*. Le *recoulage* consiste à enlever avec un petit couteau pointu ou un canif, toutes les ordures ou les *bros* qui pourroient s'appercevoir sur les deux surfaces de la carte : le *triage* n'est autre chose que la séparation des cartes vicieuses, que l'on met dans une barrique pour les vendre à la livre.

Le *Trieur* prend une sorte de cartes, Rois, Dames ou Valets ; n'importe : il les fait couler de la main droite dans la main gauche, pour voir s'il n'y a point de décollage, ou de cartes barbouillées ; lorsqu'il en trouve, il les met à part ; il les fait encore repasser du côté du blanc, & s'il s'apperçoit qu'il y ait quelque ordure, il l'emporte avec une pointe tranchante.

On *sépare* aussi les cartes blanches d'avec les brunes, & celles qui sont encore plus imparfaites ; ce qui fait trois qualités de cartes : les plus belles se nomment la *fleur*, parce qu'elles sont les plus blanches & les plus nettes : la seconde sorte se nomme *premieres* ou *premier fond* ; la troisieme sorte, *secondes* ou *second fond*.

Quelques-uns font une quatrieme sorte, qu'ils nomment *maîtresses* ou *triailles* ; enfin les cartes tachées ou décollées sont mises au rebut, forment le *déchet*, & sont vendues à la livre. Il se trouve ordinairement sur une boutée de 40 sixains, deux à trois sixains de cartes décollées & défectueuses ; 2 à 3 sixains de *maîtresses* ; 2 à 3 sixains de *premières* & *secondes* : le reste est réputé cartes de *fleur* : & comme tous les jeux se mêlent dans les sixains, & passent à la vente, le déchet a peut-être été à six ou sept pour cent.

Pour plus grande exactitude, il faut *recouler* les sortes déjà triées, pour examiner si les nuances sont égales ; car un jeu qui est entiérement composé de cartes un peu brunes, n'est sujet à aucun inconvénient ; au lieu que des cartes brunes mêlées avec des cartes blanches, peuvent être connues. C'est pour cette même raison qu'on met les cartes grattées au dernier triage ; à l'égard des trois premieres sortes, on peut sans inconvénient les mêler dans les sixains.

On repasse aussi les cartes de *triage*, soit pour rebuter celles qui sont trop mauvaises, soit pour mettre au dernier *fond* celles qui sont peu défectueuses.

Les cartes étant *triées* & assorties, on les jette, on forme les *couches*, on fait la *boute* ; ces termes sont synonymes ; c'est-à-dire, qu'on les rassemble par jeux que l'on arrange dans une boîte à laquelle il manque un côté *d* (*Pl. II. fig.* 4), & *c* (*fig.* 25) : cette boîte se nomme *boute*.

Il est bon de se rappeller ici qu'on distingue les jeux en grands ou entiers, & en petits : ceux-ci sont les jeux d'Hombre, de Piquet, &c.

Les jeux entiers sont composés de 52 cartes ; car dans chaque couleur il y a un Roi, une Dame, un Valet, & une de chacun des points, depuis l'as, l'as, jusqu'au dix inclusivement; ce qui fait 13 cartes, qui multipliées par 4 forment le nombre de 52.

Les jeux d'hombre sont de 40 cartes, parce que les 8, 9 & 10 y manquent.

Les jeux de piquet sont de 32 cartes; as, Rois, Dames, Valets, sept, huit, neuf & dix.

Le jeu de la comete est de 40 cartes; le try de 30 cartes; le brelan de 28.

Pour faire les couches de la *boutée*, on prend l'as de pique ou de trefle, & l'on commence par les plus belles cartes qu'on nomme la *fleur*; on pose six cartes au bout l'une de l'autre sur une table, & en continuant jusqu'au bout, où l'on trouve des cartes retournées, qui sont celles qui ne doivent point entrer dans les jeux.

Si les patrons sont de 6 mains d'*ouvrage*, on doit faire 44 sixains de cartes fines, & 4 ou 5 sixains de cartes communes; ce qui fait 49 sixains composés de 294 cartes de chacune sorte: il en doit rester 6 qu'on pose au bout de la table: s'il se trouvoit quelques cartes de moins, il faudroit examiner si elles ne seroient point mêlées dans les autres jeux; mais si elles étoient tombées dans les rognures, on les remplaceroit alors par d'autres cartes de même sorte.

Quand les jeux sont complets, on les enveloppe dans des papiers qui portent le nom & l'enseigne du Fabriquant, & qui désignent l'espece de jeu; piquet, quadrille, &c; ce qui s'appelle *ployer en jeu*; & on a l'attention qu'au bout de chaque sixain, il se trouve un jeu de *fleur*, ce qu'on nomme *faire la touche*.

Un habile Ouvrier peut par jour *assortir*, *trier*, *recouler*, *jetter* ou *réduire*, *envelopper* en jeux & sixains une boutée de 40 sixains de jeux entiers; mais comme cette *boutée* exige plus de travail que les autres especes de jeux, il y a très-peu d'Ouvriers qui puissent seuls remplir cette tâche.

§. XXXII. *Maniere de faire les Marques.*

Les papiers pour envelopper les jeux & les sixains, se tirent sur un moule de bois ou de cuivre, précisément comme les têtes. Les noms des jeux entiers, piquet, médiateur, comete, sont gravés sur une piece amovible qu'on rapporte sur la planche, & qu'on nomme *plateau*, de la même façon que le nom du Cartier se rapporte sur les cartes de figures.

Comme chaque jeu a une enveloppe particliere, & qu'on en fait encore des paquets par sixains, les Cartiers ont deux moules qui ne different qu'en grandeur.

§. XXXIII. *Réflexions générales.*

Suivant les Statuts des Maîtres Cartiers de Paris, les Ouvriers ne peuvent travailler aux cartes en été, que depuis 4 heures du matin, jusqu'à 8 heures du soir; & en hiver, depuis 5 heures du matin, jusqu'à 9 heures du soir: comme il est d'usage d'accorder aux Ouvriers 3 heures pour leurs repas, le temps du travail effectif est de 13 heures, pendant toute l'année.

Les cartes se vendent par jeu, par sixain, & par grosse.

Les cartes de Paris sont fort estimées. La perfection des cartes consiste à être très-blanches, sur-tout par derriere, exemptes de toutes taches; que les couleurs ne soient point traversées, mais bien tranchées; elles doivent de plus être fermes, sonores, bien lissées, & coulantes: cette propriété manque à celles des meilleures Fabriques quand on les a tenues dans un lieu humide; c'est pourquoi on doit les faire sécher avant de s'en servir.

Avant l'Impôt qui a été mis sur les cartes, on rognoit les jeux qui avoient servi, pour en faire ce qu'on nommoit des cartes *refaites*; mais cela est défendu maintenant.

EXPLICATION DES FIGURES DU CARTIER.

PLANCHE I.

Figure I. A, Grande Chaudiere de cuivre montée sur un fourneau, servant à cuire la colle.

B, Bouche du fourneau par laquelle on met le feu.

C, Ouvrier qui verse de la fleur de farine ou de l'amidon délayée avec de l'eau, dans la chaudiere, pour cuire la colle.

D, Ouvrier qui remue, avec un trognon de balai, ce qui est dans la chaudiere, pour empêcher que la colle ne brûle.

Fig. 2, Baquets dans lesquels on délaye la farine ou l'amidon, & dans lesquels on verse aussi la colle quand elle est cuite.

Fig. 3, Ouvrier qui passe la colle par un tamis, à l'aide d'une grosse brosse.

Fig. 4, *A*, Tas de feuilles mêlées.

B, Colleur tenant sa brosse à coller de la main droite.

C, Vaisseau dans lequel est la colle.

Fig. 5, Piqueur qui épingle des feuilles collées.

Fig. 6, Ouvrier qui porte un tas de feuilles collées & épinglées à l'étendoir.

Fig. 7, Feuilles au séchoir.

Fig. 8, Ouvriere qui emporte avec un petit couteau pointu les bros & saletés qui peuvent se trouver sur l'ouvrage.

Fig. 9, Papier moulé servant à envelopper les jeux.

Fig. 10, Jeu plié dans son enveloppe.

Fig. 11, Compassage (*voyez pag.* 21).

PLANCHE II.

Fig. 1 & 2, Peintres. *A*, Tas de cartons à peindre.

B, Pot où est la couleur.

C, Pierre sur laquelle on met la couleur.

D, Tas de cartes peintes.

Fig. 3, Lisseur en action de travailler.

b, Marbre sur lequel le carton est posé.

c, Perche du lissoir.

Fig. 4, Ouvrier trancheur au travail.

b, Luteau.

c, Ouvrier menant les ciseaux.

d, Tas de cartes peintes prêtes à être coupées.

e, Boîte pour bouter & arranger les jeux.

Fig. 5, Moule pour les figures : on le peut voir dessiné en grand dans les Planches III & IV.

Fig. 6, Fronton fait de lisieres, servant à appuyer le papier sur le moule.

Fig. 7, Brosse pour charger de noir le moule.

Fig. 8, Gros pinceau ou brosse pour appliquer les différentes couleurs.

Fig. 9, Poinçon pour piquer les feuilles collées qu'on veut épingler.

Fig. 10, Epingle pour tendre les feuilles sur les cordes.

Fig. 11, Pot à couleur.

Fig. 12, Pot au noir que l'on emploie, soit pour mouler, soit pour peindre.

Fig. 13, Pierre sur laquelle on met les couleurs.

Fig. 14, Couteau de bois pour séparer les étresses ou les cartons.

Fig. 15, Frotton de pieces de chapeau pour savonner les cartons, *P*, Morceau de savon.

Fig. 16, Poinçons, ou Emporte-pieces, servant à faire les patrons de points.

Fig. 17, *S*, Billot. *T*, Maillet pour frapper sur les poinçons, & emporter les points.

Fig. 18, Marbre sur lequel on lisse les cartes.

Fig. 19, 20 & 21, Lissoir. *P*, Mortaise pour recevoir le caillou. *qq*, Mancherons, ou poignées par lesquelles on mene le lissoir. *N*, Languette qui entre dans l'échancrure *M* de la perche, *fig.* 21. *n*, Caillou. *o*, La partie polie du caillou.

Fig. 22, La presse; 1, 1, les jumelles; 2, arbre de l'écrou; 3, plateau mobile qui appuie sur le papier; 4, plateau fixe; 5, la vis; 6, levier avec lequel on serre la presse; 7, cable; 8, treuil sur lequel se roule le cable.

Fig. 23, Etau du trancheur; 3, pointes sur lesquelles on laisse reposer les bords du carton suivant l'inclinaison indiquée par la ligne ponctuée 6, 6; 4, 4, Tenons qui traversent la table; 5, 5, coins qui entrent dans les mortaises 44; *a*, Boulon de fer qui entre dans le trou 6 de l'étau; ce boulon est terminé par une vis; *b*, est son écrou qui l'assujettit fermement à la planche de l'étau: 1, 2, rondelles entre lesquelles entre une des lames des ciseaux: *X*, piece à enfourchement qui embrasse les deux lames des ciseaux auprès du clou à vis *Y*: *y* est son écrou: *x*, vis qui traverse la table, & dans laquelle entre l'écrou *Y*. *Nota* que cet ajustement n'est pas exactement le même dans toutes les Fabriques.

Fig. 24, Les lames des ciseaux séparées: *X*, *V*, lame fixe, dont la partie 2 traverse la table, & est quelquefois taraudée & retenue par un écrou, & d'autres fois assujettie par une clavette 1: *u*, lame mobile: *Z Z*, trous dans lesquels entre le clou à vis *y*, qui assujettit les deux lames des ciseaux.

Fig. 25, *Bouteux*, ou boîte dans laquelle on arrange les jeux.

Fig. 26, Chauffoir. *F*, Cage, ou braisiere de tôle dans laquelle on met le feu; 2, 2, 3, 3, bandes de fer plat qui se terminent par les crochets 4, 4, dans lesquelles on met les cartons pour les faire chauffer.

PLANCHE III.

Moule de Têtes.
Patron jaune.
Patron gris.
Patron rouge.
Patron bleu.
Patron noir.

PLANCHE IV.

Moule de Valets rouges.
Patron jaune.
Patron gris.
Patron rouge.
Patron bleu.
Patron des as rouges.

PLANCHE V.

Patrons de Points rouges & noirs.

EXPLICATION

EXPLICATION

De quelques termes qui ont rapport à l'Art du Cartier.

A

ABATTRE *l'ouvrage*, c'eſt ôter des cordes les feuilles quand elles ſont ſeches. *Voy. pag.* 11.

AJUSTER les *coupeaux* ou les *cartes*, c'eſt emporter une petite quantité du bord avec les ciſeaux, lorſque les cartes ſont trop grandes. *Voy. pag.* 31.

ASSORTIR. *Voy. pag.* 31.

B

BAISER. On dit que des cartons ſe ſont baiſés, quand les traits ſe ſont contre-marqués. *Voy. pag.* 15.

BOUTÉE. *Voy. Couche.*

C

CARTIER. Voy. *Papier.*

CHAUFFER, c'eſt expoſer au feu les cartons avant de les liſſer. *Voy. pag.* 25.

COMPASSAGE : diviſions qu'on fait au compas ſur une feuille de papier, pour bien placer les points.

CORROMPRE les *coupeaux*, c'eſt les couper dans le ſens de leur longueur, pour qu'ils faſſent une eſpece de gouttiere, dont la partie concave ſoit vers le côté de la peinture. *Voy. pag.* 31.

COUCHE. Former les couches ou la boutée, c'eſt ranger les cartes par jeux dans une boîte qu'on nomme *Boute. Voy. pag.* 32.

COUPON ou *coupeau* ; tranche de carton peint qui contient quatre cartes en hauteur.

D

DÉCHET. On appelle ainſi les cartes défectueuſes qu'on met au rebut, lorſqu'on fait le triage.

DÉPINGLER ; action d'ôter les épingles qui ont ſervi à mettre les *étreſſes*, *l'ouvrage*, ou les *cartons* à l'étendoir.

DOUBLE. On nomme ainſi deux cartons qui tiennent enſemble par les bords, & qu'il faut ſéparer.

E

EPINGLER, c'eſt paſſer au bord des *étreſſes* ou *cartons*, un bout de fil de laiton pour les étendre au ſéchoir.

EPLUCHAGE. On nomme ainſi l'opération qui ſe fait pour enlever les ordures & les *bros* qui s'apperçoivent ſur les feuilles collées & ſéchées. *Voy. pag.* 11.

ETAU ; planche qui s'éleve verticalement ſur la table du trancheur : cette planche ſert à appuyer le bord du carton, de façon que l'on puiſſe couper toutes les cartes de même grandeur. *Voy. pag.* 29.

ETENDAGE, action d'étendre.

ETENDOIR, lieu où on étend. *Voy. pag.* 10.

ETENDRE, c'eſt attacher par les épingles à l'étendoir les feuilles nouvellement collées pour qu'elles ſéchent promptement.

ETRESSES. On nomme ainſi des feuilles de *main-brune* collées enſemble. *Voy. pag.* 7.

F

FLEUR. On nomme ainſi les cartes les plus blanches. *Voy. pag.* 32.

FOND. Cartes du premier & du ſecond fond : la blancheur de celles du premier fond eſt inférieure à celles qu'on nomme la *fleur*. Le ſecond fond eſt compoſé de cartes dont la blancheur eſt inférieure à celle du premier fond.

FRONCÉES. On nomme ainſi des plis qui ſe font au papier.

FROTTON, tampon de liſieres ou de crin qui ſert à appuyer le papier *moiti* ſur le moule pour imprimer les traits. *Voy. pag.* 16. On fait auſſi des frottons de pieces de chapeau pour ſavonner les cartes.

H

HABILLAGE. On nomme ainſi l'opération de peindre ou enluminer les figures.

I

IMPRIMURE, feuille de papier imprimée avec de la peinture à l'huile. *Voy. pag.* 20.

L

LISSER. On liſſe les cartons en les frottant avec un caillou bien poli. *Voy. pag.* 24 & 26.

M

MAIN-BRUNE. *Voy. Papier.*

MAITRESSE. *Voy.* Triaille, ou *pag.* 32.

MENER AU CISEAU. *Voy. Trancher.*

MÊLER, c'eſt entre-mêler les feuilles de différents papiers, ou les différents cartons pour les mettre dans l'ordre convenable pour les coller. *Mêler en gris*, ou pour les *étreſſes*. Voy. *pag.* 5. Mêler en *ouvrage*. Voy. *pag.* 16. Mêler en *blanc*. Voy. *pag.* 17.

MOITIR. Moitir le papier, c'eſt le pénétrer d'eau, pour qu'il s'applique mieux ſur le moule, & qu'il prenne plus exactement les traits. *Voy. pag.* 15.

MOULAGE. *Voy. Mouler.*

MOULE, Planche de bois ou de cuivre qui ſert à imprimer les traits des têtes ou des figures. Les moules des têtes portent les Rois, Dames & Valets noirs, pique & trefle; les moules des Valets rouges portent l'empreinte des Valets de cœur & de carreau. *Voy. pag.* 13.

Mouler, c'est imprimer les traits des figures ou des têtes sur des feuilles de papier *au pot*. Voy. *pag.* 12.

P

Papier. On emploie pour faire les cartes, trois sortes de papier; savoir la *main-brune*, au *pot* & *cartier*. Voy. pag. 3.

Patrons. On nomme ainsi les imprimures découpées pour chaque couleur: il y a des *patrons* rouges, des *patrons* jaunes, gris, blancs, noirs. *Voy. pag.* 23.

Peindre, c'est enluminer les cartes avec différentes couleurs. *Voy. pag.* 18 *&* 24.

Piquer. On pique, c'est-à-dire, on passe une épingle dans les feuilles qui sortent de la presse pour les étendre au séchoir. *Voy. p.* 9.

Platine. Planche de bois sur laquelle on met les couleurs. *Voy. pag.* 24.

Ployer. Ployer un jeu, c'est l'envelopper dans un papier. *pag.* 23.

Point. Les cartes de point, tant en noir, pique & trefle, qu'en rouge, cœur & carreau, sont depuis le premier point, ou as, jusqu'au 10. *Voy. pag.* 1.

Ponsage. Action de passer une pierre-ponce sur les *étresses* pour les rendre plus unies. *Voy. pag.* 12.

Pot. *Voy. Papier.*

R

Recouler, c'est visiter une seconde fois les cartes pour voir s'il n'en est pas passé de brunes parmi les blanches. *Voy. pag.* 32.

Rogner, c'est dresser avec les ciseaux, les bords du carton. *Voy. pag.* 30.

Rompre le papier, c'est ouvrir les mains de papier, & les plier en sens contraire de ce qu'elles étoient en rame, pour effacer le pli du milieu. *Voy. p.* 4.

Rompre les cartons, c'est les plier pour leur donner la forme d'une gouttière.

S

Séparage; action de séparer les *étresses* & les cartons qui sont secs, & qui sont adhérants par leurs bords. *Voy. pag.* 11.

T

Tas. Les Cartiers nomment ainsi les piles de feuilles de papier, ou de cartons mêlées ou non mêlées.

Testes. Les cartes de *têtes* ou *figures*, sont les Rois, Dames & Valets, tant rouges que noirs. *Voy. pag.* 1.

Torcher, c'est nettoyer les tas qui sortent de la presse pour en ôter la colle qui en sort par expression. *Voy. pag.* 9.

Touche. Faire la touche, c'est arranger les sixains par sortes, *fleur*, *secondes*, &c. & ensuite les plier dans un papier. *Voy. p.* 33.

Trancher, c'est diviser les cartes avec des ciseaux. On tranche aux grands ciseaux pour faire les coupeaux, & aux petits ciseaux pour diviser les cartes, ce qu'on appelle *trancher par cartes.* Voy. pag. 30.

Traverser, c'est séparer le carton par coupeaux. *ibid.*

Triage. En faisant le triage, on ôte les feuilles, *étresses*, cartes ou cartons qui se trouvent défectueux: dans le triage, on examine encore les cartes pour les ranger suivant leur blancheur, & mettre au rebut celles qui sont mauvaises. *Voy. pag.* 32.

Trialle. On nomme ainsi les cartes les plus imparfaites, mais qui néanmoins peuvent entrer dans les jeux: quelques-uns leur donnent le nom de *Maîtresses*. Voy. *pag.* 32.

FIN DE L'ART DU CARTIER.

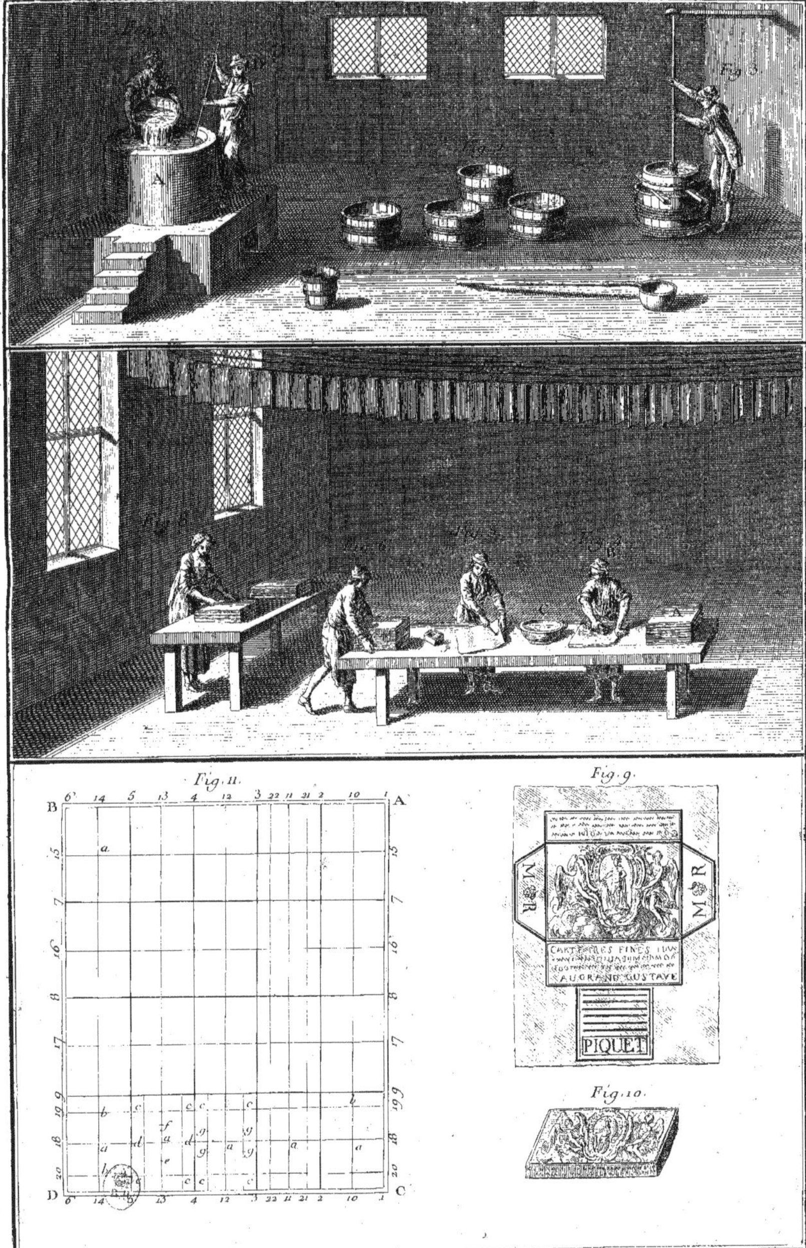

Dessiné et Gravé par Patte.

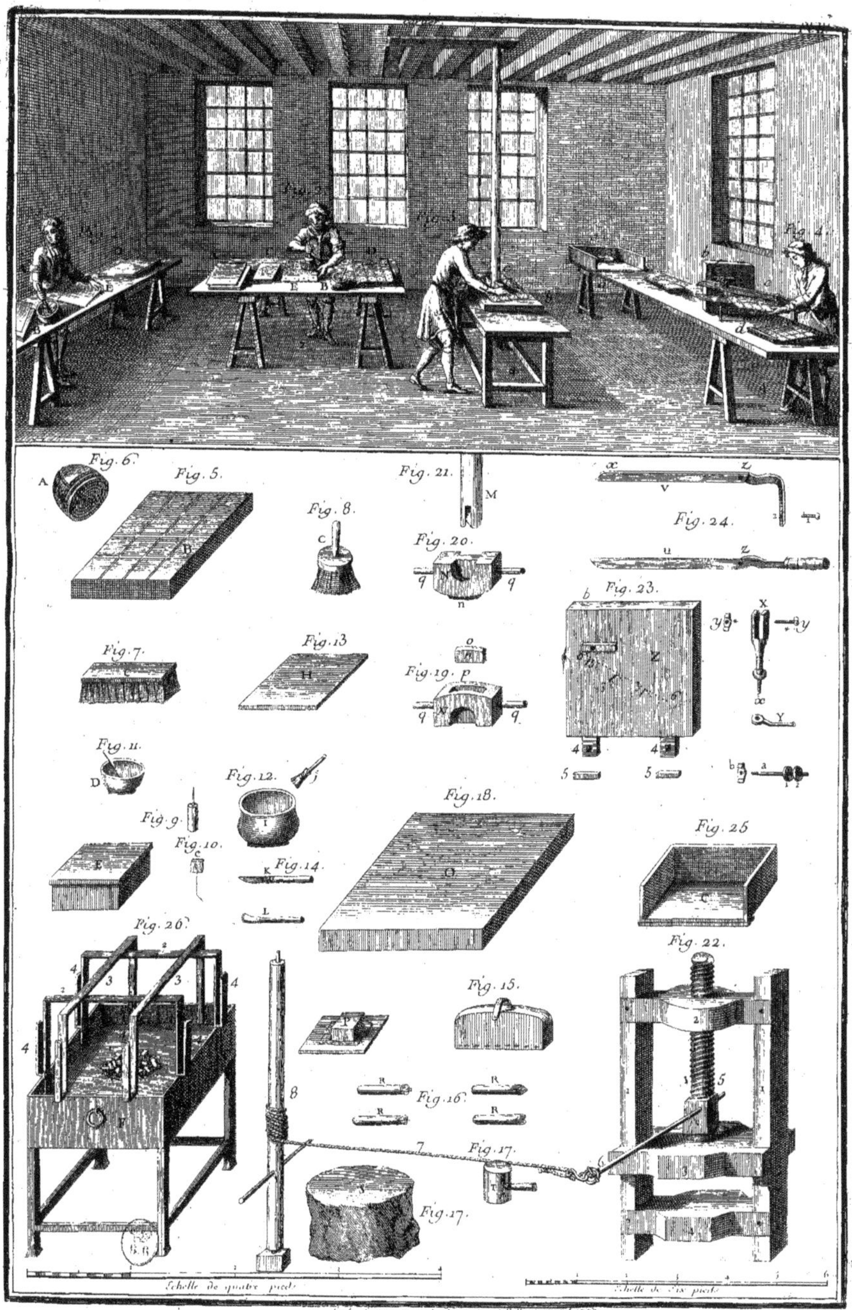
Fig. 4.
Fig. 6.
Fig. 5.
Fig. 8.
Fig. 21.
Fig. 20.
Fig. 24.
Fig. 23.
Fig. 7.
Fig. 13
Fig. 19.
Fig. 11.
Fig. 12.
Fig. 9.
Fig. 10.
Fig. 14.
Fig. 18.
Fig. 25
Fig. 26.
Fig. 22.
Fig. 15.
Fig. 16.
Fig. 17.
Fig. 17.
Echelle de quatre pieds
Echelle de six pieds

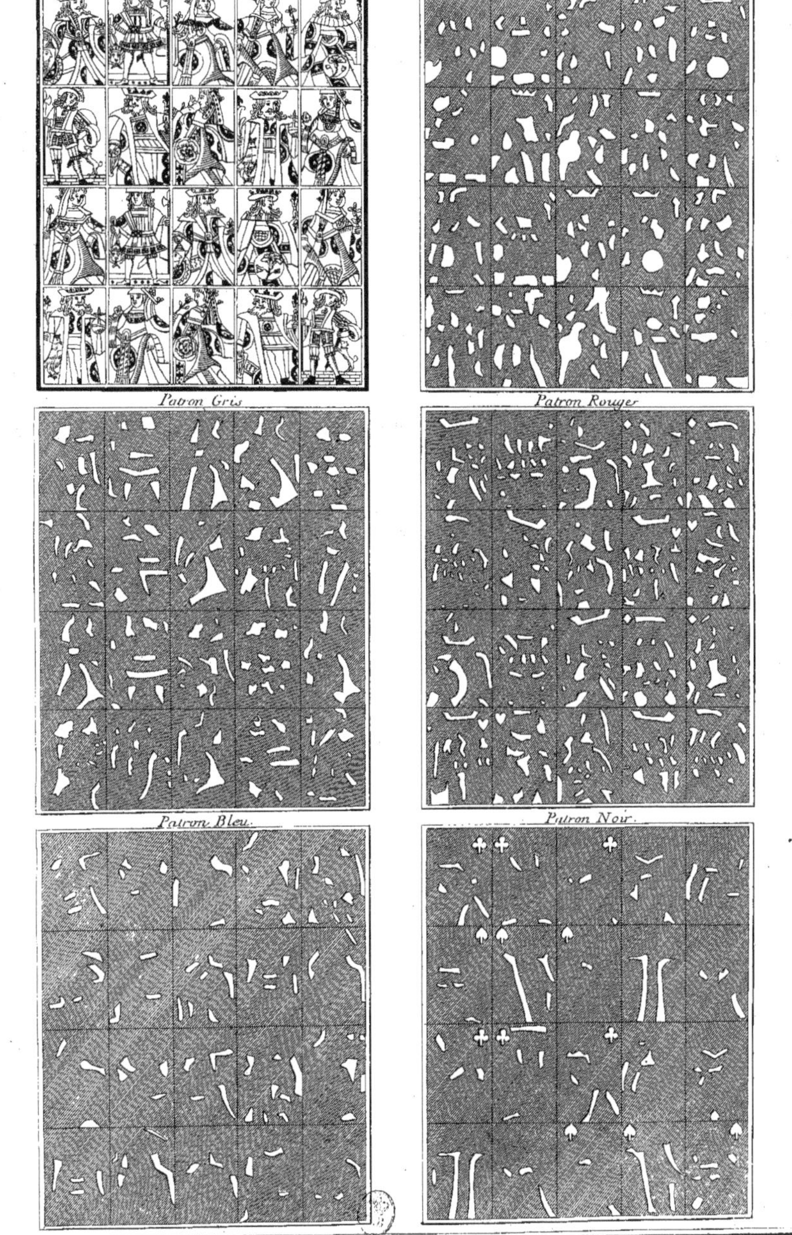
Moule des Têtes
Patron Jaune
Patron Gris
Patron Rouge
Patron Bleu.
Patron Noir.

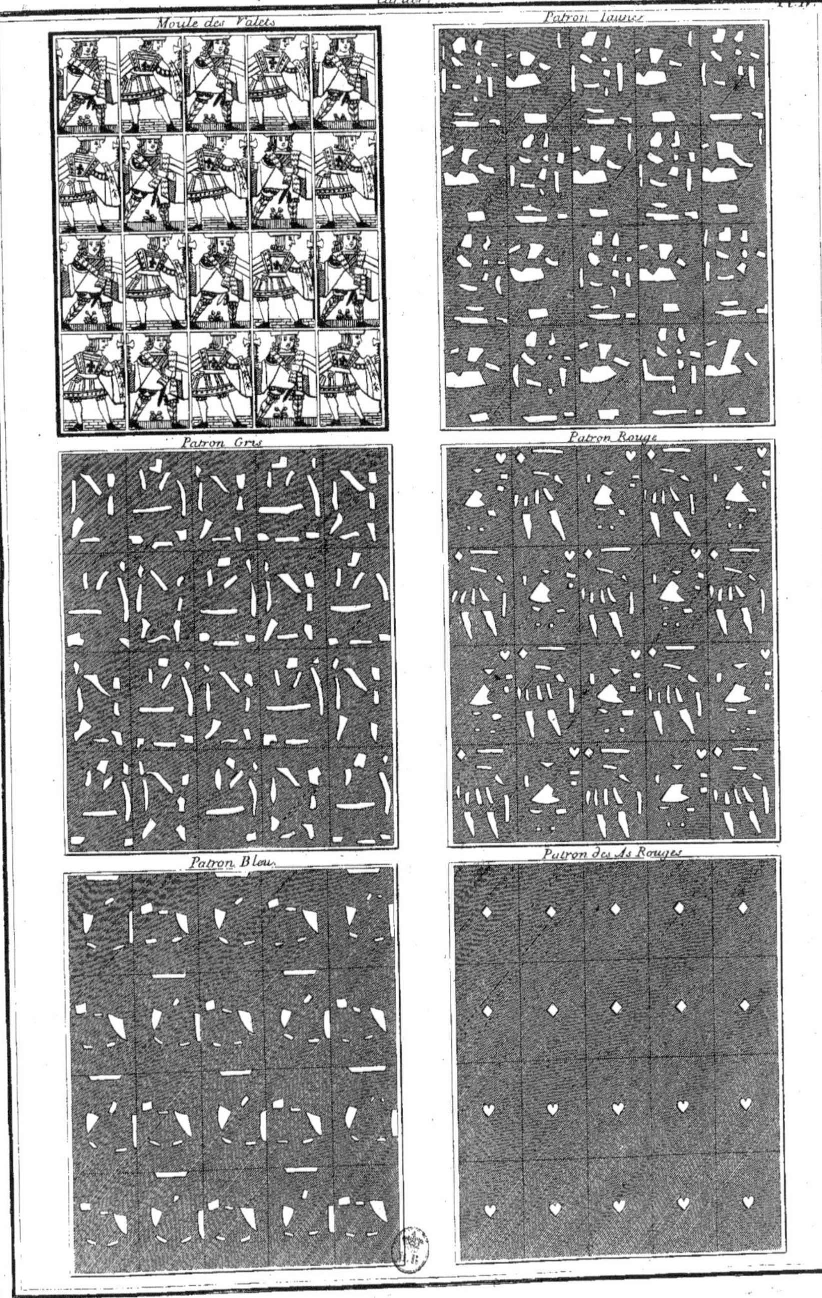
Moule des Valets
Patron Jaune
Patron Gris
Patron Rouge
Patron Bleu
Patron des As Rouges

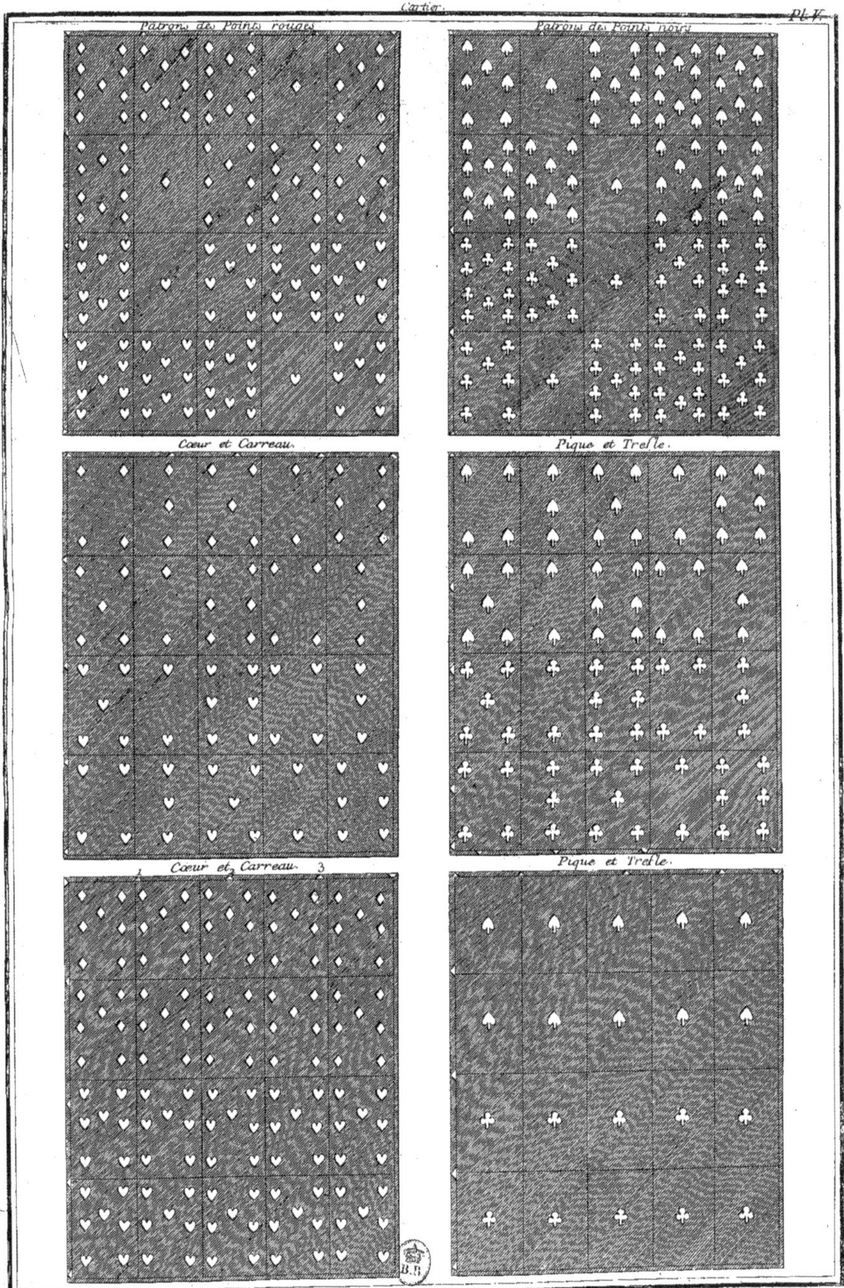
Patrons des Points rouges
Patrons des Points noirs
Cœur et Carreau.
Pique et Trefle.
Cœur et Carreau.
1
3
Pique et Trefle.

www.ingramcontent.com/pod-product-compliance
Ingram Content Group UK Ltd.
Pitfield, Milton Keynes, MK11 3LW, UK
UKHW022142190726
13855UKWH00003B/1292